Th. Brauer

Das Betriebsrätegesetz und die Gewerkschaften

Verone

Th. Brauer

Das Betriebsrätegesetz und die Gewerkschaften

1st Edition | ISBN: 978-9-92500-070-8

Place of Publication: Nikosia, Cyprus

Erscheinungsjahr: 2016

TP Verone Publishing House Ltd.

Nachdruck des Originals von 1920.

Inhaltsverzeichnis.

Im Text angezogene Literatur.

Berichte der General Federation of Trade Unions 1910 und 1911, London.

Brauer, Th., Bodenfrage und Arbeiterinteresse, Jena 1916.

Derselbe, Gewerkschaft und Volkswirtschaft, Jena 1912.

Calwer, Richard, Errechnung des Gesamtertrages der Wirtschaft und seiner Verteilung im Korrespondenzblatt der Generalkommission Nr. 24, 1911.

Cornélissen, Christian, Die neueste Entwicklung des Syndikalismus im Archiv für Sozialwissenschaft und Sozialpolitik, Bd. 36.

Korrespondenzblatt der Generalkommission der Gewerkschaften Deutschlands (seit 1920: des Allgemeinen Deutschen Gewerkschaftsbundes) Jahrgänge 1909, 1911, 1919, 1920, Berlin.

Deutsche Techniker-Zeitung 1920, Berlin.

Dietzel, Heinrich, Ausbeutung der Arbeiterklasse durch Arbeitergruppen in Deutsche Arbeit Heft 4, 1920, Köln.

Frankfurter Zeitung Nr. 258 und 270, 1920.

Gaebel, Dr. Käthe, Schwierigkeiten und Mängel der Erwerbslosenfürsorge und Arbeitsvermittlung in Berlin in Soziale Praxis XXIX, Nr. 27, Berlin.

Hue, Otto, Rede in der Deutschen Nationalversammlung am 13. April 1920 nach Frankfurter Zeitung.

Journal of The Amalgamated Society of Tailors and Tailoresses, April 1912, Manchester.

Justice vom 24. September 1910, London.

Kautsky, Karl, Der Weg zur Macht, Berlin 1909.

Labour Leader, The, vom 29. Dezember 1911, Manchester.

Lederer, Emil, Sozialpolitische Chronik in Archiv für Sozialwissenschaft und Sozialpolitik, Bd. 84, 35, 86.

Leubuscher, Dr. Charl., Äußere und innere Wandlungen der englischen Gewerkvereine in Reichsarbeitsblatt Nr. 4, 1920, Berlin.

Levenstein, Adolf, Die Arbeiterfrage, München 1912.

Proletarier, Festnummer, Hannover 1912.

Protokoll der Verhandlungen des I. Kongresses der Gewerkschaften Deutsch=
    lands, Berlin 1892.

Protokoll der Verhandlungen des Nürnberger Kongresses der Gewerkschaften
    Deutschlands, Berlin 1919.

Reichsarbeitsblatt, Jahrgang 1920, Berlin.

Schippel, Max, Gewerkschaftliche Rundschau in Sozialistische Monatshefte,
    Heft 5 und 6, 1920, Berlin.

Socialist Review, Januarheft 1912, London.

Webb, Sidney und Beatrice, Geschichte der englischen Gewerkvereine,
    Neuauflage, zitiert bei Dr. Charl. Leubuscher im Reichsarbeitsblatt
    Nr. 4, 1920, Berlin.

Dieselben, Theorie und Praxis der Gewerkvereine, Bd. II, Stuttgart 1898.

Weber, Dr. Adolf, Der Kampf zwischen Kapital und Arbeit, 2. Auflage,
    Tübingen 1920.

Gewerkschaft und Betriebsrat.

Am 4. Februar ist das Gesetz über die Betriebsräte in Kraft getreten. Die Betriebsräte sollen im wesentlichen die Interessen der Arbeiter in dem einzelnen Betrieb, sofern dieser regelmäßig mindestens 20 Arbeitnehmer beschäftigt, dem Arbeitgeber gegenüber zur Geltung bringen. Diese Beschränkung auf den Betrieb unterscheidet die Betriebsräte von den Gewerkschaften, die sich die Wahrnehmung der Arbeiterinteressen im ganzen Gewerbe oder Berufe zur Aufgabe gestellt haben. Rein theoretisch wäre somit im Betriebsrat eine Ergänzung der Gewerkschaften zu erblicken. Trotzdem haben die Gewerkschaften zunächst grundsätzlich der Tendenz der neuen Institution widerstrebt. In England war ein dem deutschen Betriebsrat im Prinzip entsprechendes freiwilliges Gebilde der organisierten Arbeiterschaft schon längere Zeit vor dem Kriege, als dem Gewerkschaftsgedanken und der gewerkschaftlichen Wirksamkeit direkt abträglich, von den Gewerkschaftsinstanzen verurteilt worden, nämlich die sog. shop stewards. Es sind dies Vertrauensmänner der Arbeiterschaft zur Wahrnehmung der Interessen derselben in den einzelnen Betrieben, also im Grunde genommen dasselbe, was die heutigen Betriebsräte prinzipiell sein sollen. Die englischen Gewerkvereinsführer führten lebhaft Klage darüber, daß große Teile der industriellen Arbeiterschaft diesen Arbeitervertretungen wesentlich mehr Sympathie entgegenbrächten als ihnen. Die Gewerkvereine fühlten sich dadurch vernachlässigt.[1]) Der den Betriebsräten ursprünglich feindselige

---

[1]) Der Mißmut über die shop stewards äußert sich in den Berichten aus englischen Gewerkschaftskreisen mit merkbarer Deutlichkeit besonders seit

Gewerkschaftsstandpunkt spricht mit derselben Deutlichkeit aus dem Verhalten der freien Gewerkschaften in Deutschland. Diese haben sich von Anfang an mit größter Entschiedenheit dagegen gewehrt, daß irgendwelchen Räten wirtschaftliche Aufgaben überwiesen werden sollten; vielmehr sollte das Institut der Räte sich durchaus auf politische Aufgaben beschränken, wo man es für unschädlich hielt.[1]

Am lautesten sprechen für die Abneigung der Gewerkschaften selbst noch beim Zustandekommen des Gesetzes die verschiedenen Schutzmaßnahmen, welche die Gewerkschaften selber durch ihre parlamentarischen Vertreter in das Gesetz hineingebracht haben, zu dem Zwecke, die Wirksamkeit der Gewerkschaften nicht allmählich durch die Tätigkeit der Betriebsräte aufsaugen zu lassen. Wir kommen auf diese Schutzmaßnahmen zurück, deren ausgesprochene Bestimmung es ist, die Betriebsräte in ein solches Verhältnis zu den Gewerkschaften zu bringen, daß sie diesen gleichsam nicht über den Kopf wachsen können.

In der Tat haben die Gewerkschaften allen Grund, die vor-

---

bem Jahre 1910. Zweimal hintereinander (Dezember 1910 und März 1911) zog Appleton, Sekretär der General Federation of Trade Unions, in seinen Vierteljahresberichten aus der neuen Lage die Schlußfolgerung, es habe sich für die Gewerkschaftsführung eine größere Vertiefung in „actual workshop problems“ bzw. „conditions“ als notwendig erwiesen. Daß die Leute in den Betrieben auf eigene Faust handelten, oder, wie die radikalsozialistische Wochenschrift Justice (24. 9. 1910) es nannte, „the growing disposition on the part of the worker in the workshop to do his own thinking, and not to trust everything to his leaders“, trat natürlich am stärksten in der Großindustrie hervor. Doch bringt selbst das Aprilheft 1912 des Schneiderverbandsorgans eine von ähnlichen Gedankengängen durchzogene Aufforderung eines Mitgliedes zu solcher „direct action“ in der eigenen Sphäre des Kapitalisten, „the workshop and the factory“. — Vgl. zu der ganzen Frage den (nach Abschluß des obigen Textes erschienenen) Aufsatz „Äußere und innere Wandlungen der englischen Gewerkvereine“ von Dr. Charl. Leubuscher im Reichsarbeitsblatt Nr. 4, 1920, der aufbaut auf der Neuauflage von S. und B. Webbs Geschichte der englischen Gewerkvereine.

[1] Vgl. besonders das Korrespondenzblatt der Generalkommission im Februar und März 1919.

ausfichtlichen Wirkungen des neuen Gesetzes sehr frühzeitig und sehr ernsthaft in den Bereich ihrer Beratungen und organisatorischen Maßnahmen zu ziehen. Als Ergebnis eines Kompromisses in politisch aufgeregter Zeit trägt das Gesetz alle Mängel eines solchen und den Stempel der Übereilung an sich. Der Gesetzgeber hat das eine Mal die Augen völlig vor drängenden Notwendigkeiten der Entwicklung verschlossen, das andere Mal hat er allzu hastig Verhältnisse zum Ausgangspunkt genommen, die das Ergebnis einer gerade jetzt, unter den augenblicklichen Zeitumständen, bestehenden Konstellation sind, ohne zu bedenken, daß möglicherweise diese Konstellation nur eine verhältnismäßig rasch vorübergehende ist. Drei Punkte treten dabei mit Nachdruck in den Vordergrund:

1. Der Wortlaut des Gesetzes über die Betriebsräte rechnet mit den üblich gewordenen Begriffen und Formen des Gewerkschaftswesens; in seinen Wirkungen dagegen greift das Gesetz an die Wurzeln der seitherigen gewerkschaftlichen Grundauffassung, und es drängt die Frage einer Änderung der gewerkschaftlichen Organisationsform einer beschleunigten Erledigung zu. Und zwar unter Umständen, die der ruhigen Auseinandersetzung über die schwierige und klippenreiche Frage durchaus nicht förderlich sind.

2. Die seltsame Verquickung der Interessen der Arbeiter und Angestellten in dem Gesetze ist eine Gefahr für die wirtschaftliche und soziale Entwicklung. Diese Seite des Gesetzes ist nur verständlich als Ausfluß aus einer Auffassung, die eine unter den jetzigen anormalen Verhältnissen zustandegekommene „Konjunktur" als reif für die Gesetzgebung erachtete.

3. Das Gesetz gibt, von dem Standpunkte der bisherigen Gewerkschaftsauffassung aus gesehen, dem Arbeitgeber gefährliche Waffen gegen die Gewerkschaften in die Hand. Auch hier kann nur angenommen werden, daß der Gesetzgeber ein bestimmtes, jetzt bestehendes Verhältnis als Basis benutzt hat, nämlich jene Bestimmung der zentralen Arbeits-

gemeinſchaft der Unternehmer- und Arbeiterverbände vom
November 1918, welche die Unternehmer zur Zurückdrängung
der wirtſchaftsfriedlichen („gelben“) Werkvereine verpflichtet,[1])
was offenbar dahin aufgefaßt wird, daß der Unternehmer
überhaupt nicht einmal mehr die Tendenz dieſer Vereine
auffommen laſſen dürfe.

Die nachfolgenden Ausführungen befaſſen ſich vorwiegend
mit dem Nachweis für das Geſagte; die für die Arbeiterſchaft
als ſolche günſtigen Seiten des Geſetzes über die Betriebsräte
ſind in der gewerkſchaftlichen Literatur ſelber n a ch dem Zuſtande-
kommen des Geſetzes ſo laut hervorgehoben worden, daß es eines
Eingehens darauf an dieſer Stelle nicht bedarf.

Das Aufrollen der Frage der Organiſationsform und die Gefährdung der Gewerkſchaftsauffaſſung.

Es iſt eine ganz natürliche Erſcheinung, daß der heutige
Arbeiter, der ſich, ebenſo wie die übrige moderne Menſchheit,
vorwiegend vom Selbſtintereſſe leiten läßt, bei richtiger Bearbeitung
ſich nicht ſchwer für den Gedanken gewinnen läßt, daß dieſes ſein
Selbſtintereſſe in mancher Beziehung leichter auf der Grundlage
einer Regelung der Arbeitsverhältniſſe für den einzelnen Betrieb zur
Geltung gebracht werden könne, als etwa durch die gewerkſchaftliche
Intereſſenvertretung, inſoweit dieſe vorwiegend auf die Regelung der
allgemeinen Arbeitsbedingungen eines ganzen Gewerbes ausgeht.
Denn auch der Arbeiter weiß heute, daß ſozuſagen jeder einzelne
Betrieb, vor allem jeder größere, ein Arbeitsmarkt für ſich iſt.
Er weiß infolgedeſſen, daß eine beſonders günſtige Lage des Be-
triebes, ſei es im Hinblick auf die Kapitalkraft des Betriebes, oder
auf die Verkehrsverhältniſſe, oder auf die Kundſchaft, oder auf

---

[1]) Abſatz 8 des Abkommens vom 15. November 1918 beſagt: „Die
Arbeitgeber und Arbeitgeberverbände werden die Werkvereine (die ſog. wirt=
ſchaftsfriedlichen Vereine) fortan vollkommen ſich ſelbſt überlaſſen und ſie
weder mittelbar noch unmittelbar unterſtützen.“

die gewerbliche Überlieferung innerhalb der Arbeiterschaft usw.,
ihm selber gegenüber seinen Berufsgenossen, die unter ungünstigeren
Betriebsvoraussetzungen arbeiten, von Nutzen sein kann. Und er
sieht leicht ein, daß ihm ein solcher besonderer Nutzen durch die
von der Gewerkschaft eingeführten Arbeitsnormen nur in seltenen
Fällen oder doch nur in bescheidenem Maße zugute kommt.
Es entspricht eben der Wesensauffassung der Gewerkschaft, in
erster und letzter Linie immer wieder auf die Hebung der Durchschnittslage der Arbeiter des betreffenden Berufes hinzuarbeiten,
was für sie so ziemlich gleichbedeutend ist mit einer Ausgleichung
der Arbeitslöhne und der sonstigen Verhältnisse über das ganze
territoriale Gebiet hin. Diese sogenannte Angleichung der Löhne
muß von der Gewerkschaft, ihrer Auffassung gemäß, erstrebt
werden, falls ihr ernsthaft an einer Regulierung des Arbeitsmarktes liegt. Lange Zeit hat beispielsweise Berlin vor dem
Kriege unter starker Arbeitslosigkeit verschiedener Berufe gelitten,
während im Lande teilweise Mangel an den betreffenden Arbeits-
kräften bestand. Der Grund lag in den verhältnismäßig, im
Vergleich zur Provinz, zu hohen Berliner Lohnsätzen, welche die
Arbeiter im Übermaße nach Berlin lockten, so daß schließlich ein
unerträglicher Druck auf die Berliner Löhne ausgeübt wurde.
Auf die durch ihre Einstellung auf die Durchschnittsverhältnisse
gegebene Achillesferse der Gewerkschaften haben seit langem jene
ihr Augenmerk gerichtet, die aus irgendwelchen Gründen die
Sympathien der Arbeiter von der bestehenden Gewerkschaftsbewegung abziehen wollen. Das haben früher die Unternehmer
getan. Durch die Unterstützung, die sie den wirtschaftsfriedlichen
(sog. gelben) Werkvereinen angedeihen ließen, sollte der Gedanke
der Betriebszugehörigkeit bei dem Arbeiter zum Siege über den
Gedanken der Berufs- oder Klassenangehörigkeit gebracht werden.
Es haben aber auch innerhalb der organisierten Arbeiterschaft
selbst stets Strömungen vorgeherrscht, welche der gekennzeichneten
allgemeinen Gewerkschaftstendenz abträglich waren und die aus
jener Wesenseigentümlichkeit der Gewerkschaften Nahrung sogen.
Oben ist bereits auf die Vorkommnisse in England hingewiesen

worden. In die englische Gewerkvereinsbewegung konnten viele
Jahrzehnte lang radikale oder gar revolutionäre Tendenzen keinen
Eingang finden. Erst seit etwa einem Jahrzehnt machen sich in
stärkerem Maße syndikalistische Bestrebungen geltend, zuletzt
namentlich gefördert durch die Agitation des aus Australien
zurückgekehrten Tom Man (der merkwürdigerweise im vorigen
Jahre zum Generalsekretär des Gewerkvereins der Maschinen-
bauer avanciert ist). Der Syndikalismus setzte stets hervorragend
beim Betriebsinteresse an, indem er den Übergang der Wirtschaft
in die Hände der Syndikate in der Form verlangt, daß der
einzelne Betrieb in die Hände der in demselben tätigen Arbeiter
übergehen müsse.[1]) Die englischen Gewerkvereinsführer der „alten
Schule" erblicken in den shop stewards Vorkämpfer des Syndikalismus im Gegensatz zu der hergebrachten Gewerkvereinstendenz.[2])

Daß auch die Haltung und die Bestrebungen der radikalen
Elemente der deutschen Arbeiterbewegung ihren Ausgangspunkt
vom einzelnen Betrieb nehmen, der jetzt im Betriebsrätegesetz in
den Vordergrund rückt, ist nicht so ohne weiteres ersichtlich. Man
muß sich da schon an das erinnern, was die Geschichte der Gewerkvereinsbewegung an Tendenzen, die hier die Verbindung her-
stellen, erkennen läßt. Vor allem tritt augenfällig in Erscheinung,

---

[1]) Die Frankfurter Zeitung Nr. 270 meldet unterm 31. März aus
Italien: „Seit einigen Wochen ist wiederholt an verschiedenen Orten, in
Genua, in der ländlichen Industriegegend Piemonts, in Mailand und in
Neapel, der Fall eingetreten, daß bei den Konflikten mit dem Besitzer die
Arbeiterschaft nicht mehr zu der bisherigen Waffe des Streiks gegriffen,
sondern die Fabriken als dem Besitze der Streikenden verfallen erklärt und
besetzt hat."

[2]) Man vergleiche die gesamte englische Arbeiterliteratur besonders seit
1910, die immer wieder auf diese Dinge eingeht. Schwere Vorwürfe gegen
die, der Entwicklung der Verhältnisse gegenüber einsichtslosen Gewerkschaftsführer bringt das Organ der Unabhängigen Arbeiterpartei, The Labour
Leader, am 29. Dezember 1911. Das ganze Organisationsproblem behandelt ein sehr instruktiver Artikel von Jos. F. Duncan in der Januar-
nummer 1912 der Socialist Review. Über die Rolle, die Tom Man spielt,
vgl. Christian Cornélissen „Die neueste Entwicklung des Syndikalismus"
im Archiv für Sozialwissenschaft Bd. 36 S. 136.

daß die radikaleren Strömungen innerhalb der Arbeiterbewegung, namentlich aber innerhalb der Gewerkschaften, stets mit zwei Momenten gearbeitet haben. Erstens damit, daß eine Revolutionierung der Arbeitermassen im Sinne eines extremen Sozialismus bei der Einwirkung a u f d e n G e i s t der Arbeiter einsetzen müsse. Die Verhandlungen des ersten Kongresses der freien Gewerkschaften Deutschlands im ·Jahre 1892 brachten eine ziemlich heftige Auseinandersetzung zwischen den Anhängern der verschiedenen gewerkschaftlichen Organisationstypen: Berufsverband, Industrieverband, Lokalorganisation. Durch die Ausführungen der Gegner des Berufsverbandes läuft wie ein roter Faden der Zweifel daran, „daß mit den Arbeitergroschen gegen das Großkapital überhaupt etwas auszurichten sei". In erster und letzter Linie notwendig sei die Stärkung des Solidaritätsgefühls, um den richtigen Klassengeist zu erzielen. Dementsprechend wäre eine darauf eingestellte Erziehungsarbeit unendlich viel wichtiger, als etwa die Zahlung von hohen Beiträgen. Dieser Einstellung der Gedankenwelt auf den Klassengeist käme aber — das ist der. zweite Gesichtspunkt, durch welchen die Argumentation von der üblichen b e r u f s verbandlichen Gewerkschaftsauffassung zum Be = t r i e b s moment umgebogen wird — die tatsächliche Entwicklung entgegen. „Die Arbeitsteilung", so sagte ein Delegierter auf dem Halberstädter Kongreß, „vermischt die einzelnen Berufe immer mehr".[1] Ein b e t r i e b s o r g a n i s a t o r i s c h e r Gesichtspunkt wurde somit in den Vordergrund gerückt. Die Berufsorganisation sei dem erstrebten Ziele direkt entgegengesetzt: sie fördere den Kastengeist, während doch der echte Klassengeist auf die Abschaffung des Dünkels ausgehen müsse. Dieser seiner Gegnerschaft gegen die Berufsorganisation ist der Radikalismus seitdem jederzeit treu geblieben, ohne daß allerdings das Betriebsmoment immer ausdrücklich in den Vordergrund gerückt wäre.

Das muß man im Auge behalten, um sich der Tragweite der Tatsache bewußt zu werden, daß nunmehr eines der wichtigsten

---

[1] Protokoll der Verhandlungen des I. Kongresses der Gewerkschaften Deutschlands.

Gesetze der neu anbrechenden Zeit, jenes über die Betriebsräte, die gewerkschaftliche Entwicklung unfehlbar von dem Kernstück aller seitherigen Gewerkschaftsbewegung, der Berufsorganisation, wegdrängen wird.

Das Betriebsrätegesetz konzentriert das Streben und Wollen der Arbeiter auf den Betriebszweck als Ausgangspunkt (§ 1), ein durchaus folgerichtiger Standpunkt, wenn man von „gemeinsamen wirtschaftlichen Interessen der Arbeitnehmer (Arbeiter und Angestellte) dem Arbeitgeber gegenüber" redet.[1] Nun wird eine „Unterstützung des Arbeitgebers in der Erfüllung der Betriebszwecke" nach alter gewerkschaftlicher Auffassung durch die weitestmögliche Bewilligung der gewerkschaftlichen Forderungen in bezug auf das Arbeitsverhältnis ganz von selbst gewährleistet. Diese Auffassung sieht von einem konkreten Einzelfall völlig ab. Ganz im Sinne derselben gingen denn auch die Untersuchungen der Gewerkschaften, beispielsweise diejenigen Calwers im Auftrage der Generalkommission der freien Gewerkschaften[2], auf die Errechnung des Gesamtertrages der Wirtschaft und seiner Verteilung ganz allgemein auf „das Kapital" einerseits, „die Arbeit" andererseits aus. Der einzelne Betrieb schied dabei aus. Die Spekulation auf den einzelnen Betrieb und seine Möglichkeiten galt geradezu als dem Wesen der Gewerkschaft entgegengesetzt. Calwer selbst hat dafür[3] sehr scharfe Worte gefunden, indem er u. a. gegenüber diesbezüglichen Einwendungen schreibt: „Soll ich nun etwa vom Standpunkte des Arbeitsmarktes aus verlangen, daß die Gutehoffnungshütte ihren Arbeitern ihren besonderen Mehrgewinn zufließen lassen soll? Sie wäre zweifellos in der Lage, ihren Arbeitern weit höhere Löhne, als sie bezahlt, zu gewähren. Aber,

---

[1] § 1 des Gesetzes bestimmt: „Zur Wahrnehmung der gemeinsamen wirtschaftlichen Interessen der Arbeitnehmer (Arbeiter und Angestellten) dem Arbeitgeber gegenüber und zur Unterstützung des Arbeitgebers in der Erfüllung der Betriebszwecke sind in allen Betrieben, die in der Regel mindestens 20 Arbeitnehmer beschäftigen, Betriebsräte zu errichten."

[2] Vgl. namentlich Korrespondenzblatt der Generalkommission Nr. 24, 1911.

[3] a. a. O.

was hätte die Arbeiterbewegung davon, daß in einer Anzahl ausnahmsweise prosperierender Großbetriebe sich Arbeiter befänden, die für ihre Arbeit weit höhere Löhne erhielten, als die Arbeiter für die nämliche Leistung in der Mehrzahl der anderen gleichartigen Betriebe? Die Erfüllung dieses Verlangens würde sofort den Grundsatz durchbrechen, daß für die gleiche Leistung der gleiche Lohn zu bezahlen sei. Auch Arbeiter sind Menschen, und die Glücklichen, die in solchen Ausnahmebetrieben sehr viel höhere Löhne hätten als die große Zahl der Arbeiter in den anderen ähnlichen Betrieben, würden nur zu leicht geneigt sein, ihre privilegierte Stellung innerhalb solcher Ausnahmebetriebe möglichst zu schützen und zu erhalten. Wenn man diesen Hinweis auf die Notwendigkeit, den Grundsatz gleicher Bezahlung für gleiche Leistung auch gegenüber einzelnen besonders gut prosperierenden Betrieben aufrechtzuerhalten, als eine Schädigung der Arbeiterinteressen deuten will, so habe ich allerdings gesündigt. Aber ich glaube nicht daß diese Deutung von den Gewerkschaften geteilt wird, denn sie trüge den Kern der Zersplitterung der Arbeiterschaft, einen gefährlichen individualistischen Zug, in sich."

Nunmehr aber, durch das Betriebsrätegesetz, wird die Aufmerksamkeit der Arbeiter vorzugsweise auf den einzelnen Betrieb hingelenkt. Die dem Gewerkschaftswesen in der bisherigen Auffassung abträglichen Tendenzen werden damit notwendigerweise gestärkt. Vorhanden sind diese Tendenzen, wie eben dargetan, immer gewesen. Auch der Tarifvertrag, der auf allgemeiner Lohnnormierung fußt, hat sie nicht dauernd ausschalten können. Ich habe schon 1912 auf die Tatsache hingewiesen, daß es auf Arbeiterseite üblich zu werden beginne, sich durch die Unternehmer die Aufrechterhaltung besserer als der tariflichen Normallöhne verbürgen zu lassen.[1] Der Betriebsrat nun kann nicht nur etwas ähnliches tun, sondern er kann überhaupt von irgendwelchen tarifvertraglichen Unterlagen ab-

---

[1] Vgl. meine Schrift Gewerkschaft und Volkswirtschaft S. 11/12.

sehen und damit den Zusammenhang der Arbeiter mit der Gewerkschaft je länger je mehr lockern. Gewiß soll durch das Gesetz
die Befugnis der Gewerkschaften, die Interessen ihrer Mitglieder
zu vertreten, nicht berührt werden (§ 8).[1] Allein was besagt
das? Diese Bestimmung könnte höchstens in Betracht kommen,
wenn es sich um das Aufzwingen niedrigerer als der tariflichen
Löhne handelte; dann nämlich möchte die Arbeiterschaft des gewerkschaftlichen Machtaufgebotes nicht entbehren. Sonst aber
wird der Betriebsrat, infolge der oben gekennzeichneten Strömungen
unter der Arbeiterschaft selber und des ganzen materialistischen
Zuges der Zeit, sicherlich ohne große Strupel über die Bestimmung
des § 8 und irgendwelche gewerkschaftliche Auffassung hinwegsehen.

Hier stoßen wir an den tiefsten Grund der natürlichen Abneigung der Gewerkschaftsführung gegen die Betriebsräte, die
allerdings in vollem Umfange nur ersichtlich ist innerhalb der
freien Gewerkschaften und in der Erkenntnis wurzelt, daß den
heutigen Massen aller Sinn für die überlieferten inneren
Organisationswerte verloren gegangen ist. Der Außenstehende
schließt allzuleicht von dem ungeheuren zahlenmäßigen Anschwellen der gewerkschaftlichen Mitgliedschaften auf eine Er-
starkung auch der inneren Kraft der Organisationen. Das ist
ein Fehlschluß, wenn man als innere Kraft nicht etwa die
finanzielle Stärkung ansieht, sondern die korporative Geschlossen-
heit. Die in den freien Gewerkschaften vor dem Kriege organisierten Mitglieder sind von den Anhängern des revolutionären
Radikalismus jahrelang planmäßig gegen die zunehmende „Ge-
werkschaftsbürokratie" aufgehetzt worden, weil sie ein Attentat
auf die Grundlagen der Demokratie sei.[2] Der zunehmende
„Absolutismus" der Führer verhindere das klare Zurgeltung-

---

[1] Die Bestimmung des § 8 lautet: „Die Befugnis der wirtschaftlichen
Vereinigungen von Arbeitern und Angestellten, die Interessen ihrer Mitglieder zu vertreten, wird durch die Vorschriften dieses Gesetzes nicht berührt."

[2] Vgl. die sehr instruktiven Darlegungen über Demokratie und Be-
amtenelement in den Gewerkschaften in Adolf Webers Kampf zwischen
Kapital und Arbeit, 2. Aufl. Tübingen 1920, S. 191 ff.

kommen des Massenwillens. Es handelt sich hier um die sog. „Massen- und Führer-"Frage, die die politische und gewerkschaftliche Literatur der Sozialdemokratie lange Zeit vor dem Kriege ausfüllt. Die Erbitterung hatte schließlich einen solchen Grad angenommen, daß die Gewerkschaftsführer, im Widerspruch zu der Auffassung von den Gewerkschaften als Instrumenten des Klassenkampfes, in steigendem Maße sich dem Schieds- und Einigungswesen zuwandten; bot sich da doch eine Möglichkeit, die Unzufriedenheit der Massen über die begrenzter werdenden gewerkschaftlichen Errungenschaften (Lohnerhöhungen, Verkürzungen der Arbeitszeit) von sich auf eine dritte Instanz abzulenken. Um so mehr aber drängten die radikalen Einpeitscher die Massen dahin, ihr Geschick selber in die Hand zu nehmen. Allein wie sollte das geschehen? Für Massenstreiks fehlte die Gefolgschaft. In den Betrieben aber war der Anteil der gewerkschaftlich Organisierten meist zu gering. Nunmehr aber, nach dem riesigen Anschwellen der Gesamtziffer der Mitgliedschaften und des Anteils in den einzelnen Betrieben, sind die Möglichkeiten auf beiden Seiten gegeben. Um so mehr, als der gewerkschaftliche Zuwachs durch keine langjährige Schulung zur Überlegung und zum ruhigen Abwägen erzogen ist. Und so erlebten wir es seit der Revolution immer aufs neue wieder, daß die Arbeiterschaft der großen Betriebe, ohne Parole der Gewerkschaftsleitung, meist in direktem Gegensatz dazu, „ihr Geschick selber in die Hand nahm", die Betriebe stillegte, oder gar selber in Verwaltung nahm. Kann man es den Gewerkschaften verdenken, daß sie die Einrichtung der Betriebsräte gewissermaßen als Legalisierung dieses Zustandes ansahen, indem durch sie der Masse im einzelnen Betrieb gleichsam ein gesetzliches Organ gegeben wurde? —

Aus den gleichen vorstehend kurz umschriebenen Gründen wird auch der Wert, den der Gesetzgeber offenbar an die im § 78 und sonst mehrmals wiederholte Klausel: „soweit eine tarifvertragliche Regelung nicht besteht", geknüpft hat, durchaus illusorisch. Dasselbe gilt für einen etwaigen Hinweis auf die in den §§ 62 ff. mehrfach erwähnte Erklärung der Allgemein-

verbindlichkeit von Tarifverträgen.[1]) Zudem bleibt die Gesetzes-
bestimmung über die Verbindlichkeitserklärung gerade in den
wichtigen und wesentlichsten Punkten, die uns hier beschäftigen,
leicht bloße Theorie. Baugewerbliche Verbände beispielsweise
klagen darüber, das Reichsarbeitsamt habe in einer Anmerkung
zu einer Verbindlichkeitserklärung eines baugewerblichen Tarif-
vertrages ausdrücklich solche Bauarbeiter von dem Geltungs-
bereich des Tarifs ausgeschlossen, die auf industriellen Werken
tätig sind.[2]) Deren Interessenvertretung ging damit in der Hauptsache auf den betreffenden Industrieverband, im vorliegenden
Falle auf jenen der Metallarbeiter, über.

Das Eigentümliche ist, daß die großen Arbeiterverbände der
schweren Industrie aus agitatorischen Gründen planmäßig in

[1]) Es handelt sich hier um die Verordnung vom 23. Dezember 1918,
die im § 2 besagt: „Das Reichsarbeitsamt kann Tarifverträge, die für die
Gestaltung der Arbeitsbedingungen des Berufskreises in dem Tarifgebiet
überwiegende Bedeutung erlangt haben, für allgemein verbindlich erklären.
Sie sind dann innerhalb ihres räumlichen Geltungsbereiches für Arbeits-
verträge, die nach der Art der Arbeit unter den Tarifvertrag fallen, auch
dann verbindlich im Sinne des § 1, wenn der Arbeitgeber oder Arbeitnehmer oder beide an dem Tarifvertrage nicht beteiligt sind." In wie geringem Maße übrigens einstweilen von der hier gegebenen Möglichkeit Gebrauch gemacht wird, beweisen die nachfolgenden Ziffern: Nach der Sozialen
Praxis Nr. 27 wurden von Mai bis 1. November 1919, also während eines
halben Jahres, zur Erklärung als allgemein verbindlich in das Tarifregister.
220 Verträge eingetragen. Das Januarheft 1920 des Reichsarbeitsblatts
gibt aber die Zahl der Tarifverträge zu Ende des Jahres 1918 auf 7819
an; im Jahre 1918, das doch noch fast ganz als Kriegsjahr gelten kann,
wurden allein 1853 neue Tarifverträge abgeschlossen.

[2]) Der außerordentliche Verbandstag des Zimmererverbandes (23. bis
25. April 1920) beschloß zu diesem Punkte: „Der Außerordentliche Verbandstag des Zentralverbandes der Zimmerer und verwandter Berufsgenossen
Deutschlands hat davon Kenntnis genommen, daß das jetzige Reichsarbeits-
ministerium den Wert der allgemeinen Verbindlichkeitserklärung der örtlichen
Tarifverträge durch den Zusatz: »die allgemeine Verbindlichkeit erfaßt nicht
die Arbeitsverhältnisse von Arbeitern, die in einem Betriebe, der nicht Bau-
betrieb ist, dauernd mit Ausbesserungsarbeiten beschäftigt sind« herabgesetzt
und damit seine eigene Verordnung über die Tarifverträge vom
23. Dezember 1918 durchbrochen hat. Der Verbandstag erhebt hiergegen

diese Richtung drängen und so die Blickrichtung auf den Betrieb allein stärken.[1]) Um nur ein einziges Beispiel zu erwähnen: Der Streit um die Zechenmetallarbeiter, die sowohl Metallarbeiterverbände wie Bergarbeiterverbände für sich reklamieren, füllt in der gewerkschaftlichen Literatur ganze Bände aus. Hier sind es die Metallarbeiter, die das Prinzip des Berufsverbandes in den Vordergrund rücken. Anderweitig wiederum sind sie es, die von den Berufsverbänden angegriffen werden. Ich erwähne, wiederum nur eines charakteristischen Beispiels halber, die Bestimmung der Arbeitsgemeinschaft für einen westlichen Bezirk der Metallindustrie, wonach die Arbeitsverhältnisse a l l e r in den Werken beschäftigten Arbeiterkategorien durch die an dieser Arbeitsgemeinschaft beteiligten metallindustriellen Unternehmer= und Arbeiterverbände ihre Erledigung finden, während Vertreter der Verbände nichtmetallindustrieller Berufe lediglich mit beratender Stimme zugezogen werden. Die gewerkschaftlichen Verbände lassen sich eben, was alle gewerkschaftlichen „Grenzstreitigkeiten" dartun, in viel zu starkem Maße von ihren agitatorischen Interessen leiten. Aus der überragenden Wucht der Agitation der großen Verbände erklärt es sich, daß in ihnen sich Angehörige der verschiedensten, nicht direkt zugehörigen Berufe finden. Der Laie wird sich leicht durch die Beweisführung der großindustriellen Arbeiterverbände, die das plausibel zu machen sucht, gefangen nehmen lassen. Wenn z. B. auf dem letzten Kongreß der freien Gewerkschaften in

---

scharfen Protest und fordert die uneingeschränkte Verbindlichkeit der Tarifverträge." Vgl. Korrespondenzblatt der Generalkommission Nr. 19, 1920.

[1]) Auf dem in der Anmerkung S. 18 erwähnten außerordentlichen Verbandstag des Zimmererverbandes wurde eine Entschließung angenommen, die zum Ausdruck bringt, daß die Verbandsleitungen der Metall= und der Fabrikarbeiter fortgesetzt gegen die Beschlüsse des Gewerkschaftskongresses und Bundesausschusses verstoßen, indem sie es verhindern, daß Vertreter der Zimmerer bei Tarifvereinbarungen für industrielle Betriebe, in denen Zimmerleute beschäftigt sind, hinzugezogen werden. Der Verbandsvorstand wird beauftragt, beim Bundesvorstand Beschwerde zu führen und auf die Durchführung der zu Recht bestehenden Beschlüsse zu bringen. Vgl. Korrespondenzblatt a. a. O.

Nürnberg (30. Juni bis 5. Juli 1919) ein Bergarbeiter in der Weise, wie nachstehend wiedergegeben, exemplifiziert, so wird ihm der Laie meist ohne weiteres recht geben. Dieser Delegierte sagte: „Im Ruhrgebiet gibt es Gruben, wo 12, 15, 18, 20 und mehr Organisationen vertreten sind. Der Arbeiterausschuß der Schachtanlagen Neu-Köln zu Borbeck hat im März b. J. eine Verschmelzungsliste aufgelegt, wobei unser Verband 78 Aufnahmen erzielte, der christliche Gewerkverein 18 Neuaufnahmen machte. Bei dieser Gelegenheit wurde das Organisationsverhältnis jedes Einzelnen festgestellt. Die Belegschaftsstärke betrug 1522. Davon hatte unser Verband 475 Mitglieder, der Gewerkverein christlicher Bergarbeiter 410, die polnische Berufsvereinigung 89, die Hirsch-Dunckerschen Gewerkvereine 41, Deutscher Metallarbeiterverband 30, Christlicher Metallarbeiterverband 68, Deutscher Fabrikarbeiterverband 2, Deutscher Transportarbeiterverband 2, Deutscher Bauarbeiterverband 3, Zentralverband christlicher Bauarbeiter 7, Zentralverband christlicher Maurer 7, Zentralverband christlicher Holzarbeiter 7, Deutscher Privateisenbahner-Verband 1, Kriegsbeschädigtenverband 1, Bund technisch-industrieller Beamten 1, Technikerverband 1, Zentralverband der Maler und Lackierer 2, Fördermaschinisten 3, Gärtner 2, Werkmeisterverband 1, Freie Vereinigung 351; in 21 Organisationen sind hier die Arbeiter zersplittert. Die Vertreter dieser Organisationen alle bei den Verhandlungen zuzuziehen, ist ein Unding. Das erschwert nicht nur die Arbeit ungeheuer, sondern ist auch eine starke Zeitverschwendung, wenn soviele Beisitzer gehört werden müssen, damit über die Lohnfrage der anderen Berufe beraten werden kann. Es werden deshalb immer mehr Stimmen laut, daß im Bergbau nur die Bergarbeiterorganisation maßgebend sein soll."[1]

Für die Berufsverbände liegt dagegen, wie die Verhältnisse sich gestaltet haben, die Sache durchaus anders. Sie erklären, zunächst aus Gründen der Selbsterhaltung mit einer willkürlichen Abänderung der Organisationsform zu Ungunsten der bisher anerkannten Berufsorganisation nicht einverstanden sein zu können,

---

[1] Protokoll der Verhandlungen S. 511.

obwohl es natürlich letzten Endes nicht auf die absolute Ziffer
der Mitgliedschaft eines Gewerkschaftsverbandes ankommt, sondern
vielmehr auf das Verhältnis der gewerkschaftlich Organisierten zu
den von der Organisation nicht erfaßten Berufszugehörigen.
Immerhin bedeutet doch auch die absolute Höhe der Mitglieder-
ziffer sehr viel für die Finanzkraft des Verbandes und für das
ganze Ansehen, das ihm in der Öffentlichkeit zukommt. Neben
diesem mehr agitatorischen Moment jedoch beanspruchen eine ganz
andere Bedeutung die Folgen, welche ein Aufgehen der in großindustriellen oder gemischten Werken tätigen Kontingente von
Berufszugehörigen in sog. Industrie- oder Betriebsverbänden für
die Lohnpolitik der Gewerkschaften hat. Jede Gewerkschaft muß,
genau so wie die Gewerkschaftsbewegung als Ganzes, den allgemeinen Arbeitsmarkt, für sich den Berufsarbeitsmarkt, möglichst
zu regulieren trachten. Davon hängt letzten Endes das Geschick
ihrer ganzen Lohnpolitik ab. Unterliegen mehr oder weniger
große Bestandteile der Berufszugehörigen Lohnregulierungen, die
im Zusammenhang und in der Vermischung mit ganz anderen
Arbeiterkategorien erfolgen, wobei also nicht in erster Linie Her-
kommen, Berufstradition usw. maßgebend sind, sondern die Anpassung an ganz andere, vielfach willkürliche Gesichtspunkte, so
ergibt sich daraus eine sehr wesentliche Störung für die Verbands-
tätigkeit. Der Berufsverband stützt sich fast ausschließlich auf
gelernte Arbeiter, vor allem auf Handwerksgesellen. Für
deren Entlöhnung besteht jedoch, wie allgemein bekannt, ein bestimmtes mehr oder weniger von der gewerblichen Überlieferung
sanktioniertes Verhältnis. Man möchte geradezu von einer
Hierarchie der einzelnen Gewerbe reden, die sich da fast unwider-
stehlich geltend macht. So bestehen beispielshalber nahezu feste
verhältnismäßige Unterschiede in der Entlöhnung des Maurers,
des Zimmerers und des Malers und Anstreichers, obwohl sie
doch alle baugewerbliche Handwerker sind. Das großindustrielle
Werk aber, in dessen Betrieb solche handwerklichen Berufe neben
einer großen Masse sagen wir einmal von Metallarbeitern, von
Bergarbeitern, von Arbeitern der chemischen oder einer sonstigen

Industrie sich betätigen, wird selten geneigt sein, vor der Ge=
werbeüberlieferung auf diesem Gebiete eine Reverenz zu machen.
Ihm sind in erster Linie die Lohnverhältnisse der Hauptmasse
der von ihm beschäftigten Arbeiter maßgebend, während die hand=
werkerlichen Arbeiter sozusagen nur ein Annex bilden. Die Folge
kann sein und ist sehr oft, daß gelernte Arbeiter dieser Art,
denen an einer dauernden Beschäftigung in dem betreffenden Be=
triebe liegt, sogar niedriger entlöhnt werden, wie ihre Berufs=
genossen im Gewerbe. Das stört natürlich die ganze Lohnpolitik
der Berufsverbände. Bei ihren Tarifverhandlungen können sich
die Arbeitgeber des betreffenden Gewerbes auf diese niedrigere
Entlöhnung beziehen, um sich etwaigen höheren Forderungen der
Berufsverbände zu widersetzen. Im übrigen ist es eine Tatsache,
daß insbesondere in kleineren Gewerben den Handwerksmeistern
aus den Kreisen solcher in der Industrie beschäftigten Gehilfen
eine unliebsame Konkurrenz erwächst. Diese Elemente sind es
eben, die, weil sie über das ganze Jahr hin mit einer bestimmten
festen Arbeitszeit rechnen können, während das Gewerbe vielleicht
Saisoncharakter hat und daher sich die Arbeit auf einzelne Zeiträume
zusammendrängt, zur Aufbesserung ihres niedrigen Lohnes außer=
halb ihrer Arbeitszeit selbständig eine Kundenbedienung in größerem
Umfange übernehmen können und so zu „Schmutzkonkurrenten"
werden, die natürlich auf den Lohn der Arbeiter drücken.[1]

---

[1] Beweise dafür lassen sich u. a. aus den Akten vieler Innungen er=
bringen. Lediglich eines Beispiels halber sei aus dem Bericht, den Duis=
burger Zeitungen über eine Sitzung des dortigen Innungsausschusses vom
17. Mai 1920 brachten, die Stelle erwähnt, die sich gegen die sog. „Schwarz=
arbeit" richtet: „Viele Gehilfen, besonders die auf den großen Werken be=
schäftigten, hätten sich zur Gewohnheit gemacht, nach ihrer achtstündigen
Arbeitszeit von Frühnachmittag Privatarbeit zu übernehmen, durch die das
Handwerk ganz empfindlich geschädigt werde. Gegen diese Auswüchse soll
energisch vorgegangen werden ... Einzelne Innungen beabsichtigen auch,
bei der Gewerbeinspektion vorzugehen. Als besonders krasser Fall wurde
mitgeteilt, daß bei der hiesigen Postbehörde ein Beamter beschäftigt werde,
der über eine wohleingerichtete Schreinerwerkstatt verfüge und umfangreiche
Arbeiten erledige. Auf Vorstellung der Innung zur Rechenschaft gezogen,
habe die Postverwaltung erklärt, es könne sich nur um kleinere Arbeiten

Insofern, immer im Hinblick auf seitherige Auffassungen, stärkt das Betriebsrätegesetz also gewerkschaftsschädigende Tendenzen. Der Betriebsrat kann sehr schwer dazu angehalten werden, den besonderen Wünschen der Berufsverbände Rücksicht zu tragen. In seiner Auseinandersetzung mit dem Arbeitgeber kann sich dieser darauf berufen, daß der Betriebsrat zur Unterstützung des Arbeitgebers in der Erfüllung der Betriebszwecke errichtet sei und daß nach § 66, Absatz 3 der Betriebsrat den Betrieb vor Erschütterungen zu bewahren hat. Demgemäß habe er nicht etwa Maßstäbe anzulegen, die sich aus Erwägungen von Außenstehenden ergäben; vielmehr müßte in erster Linie auf die im vorliegenden Falle selbst gegebenen Anforderungen Rücksicht genommen werden. Hier müsse ein haltbares und alle Teile zufriedenstellendes Verhältnis herbeigeführt werden. Einer solchen Beweisführung kann um so weniger Widerspruch entgegengesetzt werden, als ohne Zweifel, wie früher gesagt, das eigene Interesse des Gros der beteiligten Arbeiterschaft in diese Richtung weist. Es kommt dazu, daß der ganze organisatorische Aufbau des Betriebsrätegesetzes die abweichenden Stimmen nur in geringem Maße zur Geltung kommen läßt. Schon die bis jetzt gemachten Erfahrungen beweisen, daß die Hauptrolle in den Betriebsräten solcher Werke, die verschiedene Arbeiterkategorien beschäftigen, diejenigen Arbeiter spielen, die, dem Betriebszwecke entsprechend, die Masse darstellen. Sie drücken alle anderen Gruppen zurück, so daß von der Bestimmung des § 22, wonach die verschiedenen Berufsgruppen der im Betriebe beschäftigten männlichen und weiblichen Arbeitnehmer nach Möglichkeit berücksichtigt werden sollen, in der Praxis kaum etwas übrig bleibt. Wenn schon, wie ebenfalls die Tatsachen beweisen, die Angestellten im Einklang mit dem § 17 des Gesetzes[1] von der Arbeiterschaft vielfach zum Verzicht auf den

---

handeln und im übrigen sei der Mann auf diese Nebenbeschäftigung wegen seines geringen Lohnes angewiesen. Sie könne daher den Leuten solche Nebenarbeit nicht verbieten".

[1] Dieser § 17 bestimmt: „Die Verteilung der Mitglieder auf die Gruppen kann abweichend von den Bestimmungen des § 16 geordnet werden,

§ 16, [1]) d. h. also auf die ihrem Zahlenverhältnis entsprechende Vertretung im Betriebsrat, gebracht werden können, so kann man sich denken, was für ein Schicksal den in der Minderheit befindlichen Gruppen der Arbeiter blüht. Übrigens braucht man nur an die obige Darstellung aus dem Ruhrrevier zu erinnern, wonach an einzelnen Stellen unter Umständen bis zu 20 verschiedene Gruppen in Betracht kommen würden! Vollends gilt das Gesagte, wenn auf Grund der §§ 50 und 51 ein Gesamtbetriebsrat für zusammenhängende oder „nach dem Betriebszweck zusammengehörende Betriebe in der Hand eines Eigentümers", oder ein gemeinsamer Betriebsrat errichtet wird.[2]) Dann wird das Übergewicht der

---

wenn die Mehrheit beider Gruppen es in getrennter geheimer Abstimmung beschließt. Zählt eine Gruppe weniger wählbare Personen, als die nach § 16 erforderte Zahl, so kann sie auch Angehörige der anderen Gruppe zu ihren Vertretern wählen."

[1]) § 16 sieht vor: „Befinden sich unter den Arbeitnehmern sowohl Arbeiter, als auch Angestellte, so muß jede Gruppe entsprechend ihrem Zahlenverhältnis bei Anberaumung der Wahl im Betriebsrat vertreten sein. Keine Gruppe darf weniger als einen Vertreter haben. Die Minderheitsgruppe erhält wenigstens:

bei	50 bis	299 Gruppenangehörigen	2 Mitglieder,		
„	300 „	599	„	3	„ ,
„	600 „	999	„	4	„ ,
„	1000 „	2999	„	5	„ ,
„	3000 „	5999	„	6	„ ,
„	6000 und mehr		„	8	„ .

Die Feststellung des Zahlenverhältnisses erfolgt durch den Wahlvorstand nach den für die Verhältniswahl geltenden Grundsätzen des Wahlverfahrens. Eine Minderheitsgruppe erhält keine Vertretung, wenn ihr nicht mehr als fünf Personen angehören und diese nicht mehr als ein Zwanzigstel der Arbeitnehmer des Betriebs darstellen."

[2]) Die angezogenen §§ 50 und 51 haben nachstehenden Wortlaut: „Befinden sich innerhalb einer Gemeinde oder wirtschaftlich zusammenhängender, nahe beieinander liegender Gemeinden mehrere gleichartige oder nach dem Betriebszweck zusammengehörige Betriebe in der Hand eines Eigentümers, so kann durch übereinstimmende Beschlüsse der Einzelbetriebsräte die Errichtung eines Gesamtbetriebsrats neben den Einzelbetriebsräten erfolgen."

„Anstatt eines Gesamtbetriebsrates kann unter den gleichen Voraussetzungen

Hauptkategorie von industriellen Arbeitern sich erst recht geltend machen. In demselben Maße werden die sonstigen Gruppen mehr oder weniger durch die natürliche Entwicklung gezwungen, ihre gewerbliche Überlieferung zu vergessen oder außer acht zu lassen. Das kann auch unter volkswirtschaftlichen und sozialen Gesichtspunkten eine unliebsame Entwicklung bedeuten. Die Herausstellung des Berufsmoments hat ohne Zweifel ihre große ethische Bedeutung. Damit ist die Pflege von Auffassungen und Eigenschaften verknüpft, die dem Radikalismus entgegengesetzt sind.

Gewiß kann man den Einwurf machen, daß immerhin nur ein Teil von Gewerbe und Industrie den gekennzeichneten Einflüssen unterliegt, weil die Großbetriebe, wo sich eine starke Berufsmischung geltend macht, nur stellenweise überwiegen. Demgegenüber ist zunächst dies zu erwidern: Zugegeben, daß der Einwurf inhaltlich berechtigt sei, so nimmt das doch nicht weg, daß die betreffenden Betriebe für die Entwicklung des ganzen Wirtschaftslebens die Hauptrolle spielen und an erster Stelle auf die Gestaltung des Gewerbelebens einwirken. Im übrigen soll auf diesen Punkt später noch näher eingegangen werden. Der weitere Einwurf, der in der Frage gipfeln könnte, ob nun die eben aufgezeichnete Tendenz, die vom Berufsverband wegdrängt, ohne weiteres auch eine Tendenz zum Radikalismus bzw. zum Revolutionären sei und sein müsse, wird, außer durch das früher Gesagte, auch durch die Tatsache erledigt, daß die ganzen Hoffnungen des radikalen und revolutionären Flügels der Arbeiterbewegung seit jeher in diese Richtung zeigen. Hier setzt die Erziehung zum Klassengeist an, was alle eingehendere Beschäftigung

---

ein gemeinsamer Betriebsrat errichtet werden, der an die Stelle der Einzelbetriebsräte tritt. Die wahlberechtigten Arbeitnehmer eines jeden der zusammengeschlossenen Betriebe können durch einen Mehrheitsbeschluß, der spätestens 6 Wochen vor Ablauf der Wahlzeit des gemeinsamen Betriebsrats zu fassen ist, aus der Vereinigung ausscheiden. Die Errichtung eines gemeinsamen Betriebsrates muß unter den Voraussetzungen des Abs. 1 für diejenigen Betriebe erfolgen, für die eine Betriebsvertretung nach den §§ 1, 2, 62 nicht zu errichten wäre."

mit der „Massen- und Führer-"Frage beweist. Man kann ohne Übertreibung sagen, daß für den revolutionären Radikalismus in Deutschland jahrzehntelang die Losung gegolten habe: Der gewerkschaftliche Berufsverband ist der Feind! Lederer hat mit Recht darauf aufmerksam gemacht und an vielen Stellen den Beweis dafür geliefert,[1]) daß der Syndikalismus, soweit er sich in Deutschland überhaupt zeigt, im wesentlichen aus einer Kritik an der Organisationsform der Gewerkschaften entspringt, d. h. aber wesentlich an der bisherigen Organisationsform des Berufsverbandes. Man möge über diese Tendenzen auch das erste Kapitel meiner Schrift „Gewerkschaft und Volkswirtschaft" vergleichen.

In diesem Zusammenhang muß auch noch darauf hingewiesen werden, wie sehr der letzte Absatz des § 33 des Betriebsrätegesetzes die Aktionen der Radikalen erleichtert. Dieser Absatz[2]) ist nach allem, was aus den Beratungen verlautet, zu dem Zwecke in das Gesetz aufgenommen, um die Minderheitsorganisationen in der Gewerkschaftsbewegung, d. h. also vor allem die christlichen Gewerkschaften und die Hirsch-Dunckerschen Gewerkvereine, zur Geltung zu bringen. In der Tat aber ist nichts leichter, als daß radikale und revolutionäre Stoßtrupps diesen Absatz benutzen, um die

---

[1]) Vgl. die Sozialpolitische Chronik in Bd. 34, 35 und 36 des Archivs für Sozialwissenschaft und Sozialpolitik.

[2]) § 33 schreibt vor: „Über jede Verhandlung des Betriebsrates ist eine Niederschrift aufzunehmen, die mindestens den Wortlaut der Beschlüsse und die Stimmenmehrheit, mit der sie gefaßt sind, enthält und von dem Vorsitzenden und einem weiteren Mitglied zu unterzeichnen ist. Hat der Arbeitgeber in der Verhandlung eine Erklärung abgegeben, so ist ihm die Niederschrift zur Unterzeichnung vorzulegen. Es ist ihm eine Abschrift der Niederschrift über die Verhandlungen zu übergeben, an denen er teilzunehmen berechtigt war. Erachten die Arbeiter- oder Angestelltenvertreter, welche die Minderheitsgruppe der Arbeitnehmer darstellen, einen in einer gemeinsamen Angelegenheit der Arbeiter und Angestellten gefaßten Beschluß des Betriebsrats als eine erhebliche Verletzung wichtiger Interessen der durch sie vertretenen Arbeitnehmer, so sind sie berechtigt, ihren Standpunkt in einem besonderen Beschlusse zum Ausdruck zu bringen und diesen dem Arbeitgeber gegenüber zu vertreten."

weitestreichenden Forderungen zu stellen und auf Grund der Ab-
lehnung derselben alsdann die schlimmste Verhetzung in die Arbeiterschaft hineinzutragen. Der Wortlaut des Gesetzes in diesem Punkte
ladet sie geradezu dazu ein.

Den Gewerkschaften selber kommt ein großer Teil der Schuld
dafür zu, daß sich jetzt die Tendenzen, die ihrer ursprünglichen
und seitherigen Verfassung abträglich sind, verstärkt finden. Einmal
wegen der rein agitatorischen Einstellung der großinhustriellen
Verbände (s. oben). Sie haben sodann seit langem das Lohn-
problem so aufgefaßt, wie es etwa Umbreit einmal formulierte:
„Gewerkschaftsgrundsatz erheischt, für gleichwertige Arbeit
gleichen Lohn zu fordern".[1] Damit schon wurde der seitherige
Aufbau im Sinne einer Berufshierarchie in Frage gestellt. In
dem Augenblick, wo sich in einem industriellen Großbetrieb eine
Anzahl von Berufen vermischt findet, entsteht von selbst die Frage:
Wieweit ist unsere Arbeit gleichwertig, wieweit nicht? Wer aber
soll darüber bestimmen? Wer will es beispielsweise verhindern,
daß, je mehr die Löhne einer gewissen Grenze sich nähern, nun
die niedrigeren Arbeiterkategorien sich einreden, daß auf Grund
dieser Parole auch der jetzt bestehende Unterschied in der Entlöhnung
der einzelnen Arbeiterkategorien wegfallen soll? Arbeit ist schließlich
Arbeit, und namentlich in den Werken mancher sozialistischen
Schriftsteller finden sich so viele Werttheorien, daß es unbedingt
gelingen muß, eine solche Forderung durch Hinweis auf „das,
was die Meister gelehrt", zu stützen. Mit derartigen Tendenzen
müßte aber um so mehr gerechnet werden, als der „angelernte
Arbeiter" den eigentlich gelernten derselben Industrie vielfach in
der Unentbehrlichkeit für den betreffenden Industriezweig noch
hinter sich zurückläßt, als schließlich selbst auch der ungelernte
Industriearbeiter in steigendem Maße mehr zu einem Rädchen
wird, von dessen richtiger Funktion das glückliche Endergebnis

---

[1] Vgl. Festnummer des Proletarier anläßlich der Erreichung einer
Auflage von 200 000 Exemplaren. Die nachfolgenden Gedankengänge sind
zum Teil ebenfalls schon in meiner Schrift „Gewerkschaft und Volkswirtschaft", und zwar auf den ersten Seiten derselben, ausgesprochen.

kaum weniger abhängt, wie von der des gelernten und angelernten
Arbeiters. Man denke sich, was durchaus nicht im Bereiche der
Unmöglichkeit liegt, daß die ungelernten Arbeiter herausrechnen,
es komme ihnen auf Grund des von ihnen erzeugten „Mehr-
wertes" dieselbe Vergütung zu, wie den angelernten oder gelernten
Arbeitern — und wir erleben ein Wüten gegen alle seitherige
Gewerkschaftsauffassung, das nur durch volkswirtschaftlich emp-
findliche Rückschläge schließlich eine Korrektur erfährt. Nochmals:
Wer garantiert dafür, daß derartige Konsequenzen auf Grund von
Schlagwörtern der gekennzeichneten Art nicht gezogen werden
können und tatsächlich gezogen werden? Heute sind wir so weit,
daß schon auf Grund der Schwierigkeiten der Lebenshaltung an
die Respektierung irgendwelcher Scheidewände nicht mehr gedacht
wird. Jede Kategorie von Arbeitern treibt ihre Forderungen
ohne Rücksicht auf die anderen, lediglich unter dem Gesichtswinkel
der eigenen Machtentfaltung, soweit vor, wie es eben möglich ist;
ein Zurückbremsen ist vergeblich, weil man den Massen nichts
Vernünftiges nnd sie Überzeugendes entgegenhalten kann. Man
redet zwar davon, wie es z. B. auf dem letzten Kongreß der
freien Gewerkschaften (Juni 1919) geschah, eine Zentralstelle zu
errichten, „um für gleiche Arbeit gleichen Lohn herbeizuführen"
(Protokoll S. 508). Allein eine solche Zentralstelle würde, wenn
nicht andere Maßnahmen dazu kommen, um sie zu stützen (s. darüber
weiter unten), doch nur auf dem Papier stehen.

Schließlich sollte nicht übersehen werden, daß Entwicklungen
von der Art, wie wir sie in dem sog. Taylor-System vor
uns sehen, die mittleren Betriebe insofern den Riesenbetrieben
gleichstellen, als auch in ihnen die bisherige Bewertung der einzelnen
Arbeitsverrichtung überhaupt völlig in Frage gestellt wird. In
irgendeiner Form wird das deutsche Wirtschaftsleben mit einer
Entwicklung in dieser Richtung zu rechnen haben. Damit aber ist
den revolutionären Einwirkungen ein neuer Durchgang geöffnet.
Es ist heute noch durchaus fraglich, wie die Gewerkschaften davon
betroffen werden. Wahrscheinlich ist jedoch, daß, geschickt auf-
gezogen, angesichts der materialistischen Grundtendenz aller heutigen

Volksströmungen, zwischen dem Betriebszwecke (§ 1) und den Interessen der Arbeiterschaft des Betriebes sehr leicht enge Beziehungen hergestellt werden können. Auch unter diesem Gesichtswinkel treten also die Tendenzen, auf die hier immer wieder hingewiesen worden ist, auf.

Und so tut sich denn als Endergebnis eine recht deutlich wahrnehmbare Kluft auf zu der bisherigen Gewerkschaftsauffassung. Noch ist es zu früh, in alle Einzelheiten der Beschreibung einzutreten, weil zunächst die Erfahrungen einer größeren Praxis abgewartet werden müssen. Bemerkenswert bleibt aber jedenfalls der Eifer und die Regsamkeit, mit der sich die revolutionären Elemente bereits heute des Gesetzes über die Betriebsräte bemächtigen, um ihren Bestrebungen Vorschub zu leisten. Von dieser Seite wird schon jetzt mit aller Kraft der Versuch unternommen, unbequeme Schutzparagraphen des Gesetzes, zumal solche, die den seitherigen Gewerkschaftsinteressen dienen sollen, aus dem Wege zu schaffen. So schreibt beispielsweise der § 37 des Gesetzes ausdrücklich vor, daß die Erhebung und Leistung von Beiträgen der Arbeitnehmer für irgendwelche Zwecke der Betriebsvertretungen unzulässig sei. Damit soll verhindert werden, daß sich aus den Betriebsräten eine finanziell fundierte Konkurrenzorganisation im Gegensatz zu den Gewerkschaften erhebt. Demgegenüber nahm eine Konferenz revolutionärer Betriebsräte, die am 28. und 29. Februar in Stuttgart stattgefunden hat, eine Entschließung an, in der es u. a. heißt:

„Zunächst sind die Betriebsräte, die die Parole der Konferenz anerkennen, nach Industriegruppen am Orte zusammenzuberufen, damit aus ihrer Mitte ein Aktionsausschuß gewählt werden kann. Der Aktionsausschuß hat sofort mit den Aktionsausschüssen der im Bezirk liegenden Orte Fühlung zu nehmen. Aus den Aktionsausschüssen aller Orte des Bezirks ist ein Zentralaktionsausschuß für den Bezirk zu wählen."

Außerdem wurde folgender Antrag über die Finanzierung durchgebracht:

„Die Erhebung von Beiträgen zur Schaffung und

Förderung der revolutionären Rätebewegung ist sofort einzuleiten. Dabei handelt es sich um freiwillige Beiträge, die sich nach den örtlichen Verhältnissen richten müssen. Ein Teil der Beiträge ist der Zentrale zu überweisen."

Ferner, was eigentlich selbstverständlich ist, einigte man sich über Richtlinien für die Wahl der Betriebsräte, laut denen die auf der Liste der revolutionären sozialistischen Betriebsräte stehenden Kandidaten sich verpflichten, einzutreten u. a. „für die Umgestaltung der Gewerkschaften zu revolutionären industriellen Verbänden".[1]

Aus diesen Beschlüssen ergibt sich noch eindringlicher als aus der eingehendsten Beweisführung, in welch innigem Zusammenhang die radikalen Elemente selber Betriebsrat und Revolutionarismus bringen. Die Betriebsräte sind ihnen Mittel zum Zweck, die bisherige Welt der Gewerkschaften aus den Angeln zu heben.

Die Bedeutung der Verquickung der Angestellten- und Arbeiterinteressen.

Besonders verhängnisvoll könnte die Überschätzung der Dauerhaftigkeit eben jetzt vorherrschender Zustände und Beziehungen werden mit Bezug auf die Zusammenkoppelung von Arbeitern und Angestellten, wie sie sich durch das ganze Betriebsrätegesetz zieht. Gleich der erste Paragraph des Gesetzes trägt den Betriebsräten die „Wahrnehmung der gemeinsamen wirtschaftlichen Interessen der Arbeitnehmer (Arbeiter und Angestellte) dem Arbeitgeber gegenüber" auf. Diese gemeinsame Interessenvertretung bleibt immer das Primäre, auch wenn spätere Paragraphen eine gewisse Sonderung zwischen den beiden Kategorien zur Voraussetzung haben. Es ist eben eine Entwicklung zum Ausgangspunkt genommen worden, in die die

[1] Vgl. den Bericht im Korrespondenzblatt der Generalkommission Nr. 12/13 Jahrgang 1920.

Revolution Arbeiter- und Angestelltenbewegung hineingeführt hat. Vordem standen die Angestellten für sich und lehnten nahezu vollständig eine Zusammenarbeit mit den Organisationen der Arbeiter ab. Auf seiten der freien Gewerkschaften bestand nur der damals unbedeutende Verband der Handlungsgehilfen, dessen Mitgliedschaft sich dazu noch in der Hauptsache aus den Angestellten von Konsumvereinen, aus Lagerhaltern u. dgl. rekrutierte. Jedenfalls hatte diese Richtung der Gewerkschaftsbewegung keine übermäßige Anziehungskraft auf die Angestellten ausgeübt. Selbst wenn auch der Bund der technischindustriellen Beamten in manchen seiner Führer seit langem sehr stark mit den freien Gewerkschaften liebäugelte, so schreckte man doch vor einer offenen Verbindung zurück. Dasselbe galt für den Werkmeisterverband. Die Hirsch-Dunckerschen Gewerkschaften umfaßten lange Zeit einen Verband kaufmännischer Angestellten, der sich jedoch später wieder von der Bewegung loslöste. Die christlichen Gewerkschaften endlich hatten kurz vor dem Kriege mit der Bildung eines eigenen Büroangestelltenverbandes begonnen, in der Hauptsache aber zu dem Zwecke, den als Angestellten tätigen Angehörigen ihrer freigestellten Beamten und Mitglieder die Möglichkeit der Vereinigung auf dem Boden der christlichen Gewerkschaften zu geben. Darüber hinaus allerdings herrschte seit dem ersten allgemeinen Deutschen Arbeiterkongreß (1903) ein Einvernehmen zwischen den christlichen Gewerkschaften und dem Deutsch-nationalen Handlungsgehilfenverband, das beide Teile hin und wieder zu einem gemeinsamen Auftreten in bestimmten Fragen der Sozial- und Wirtschaftspolitik führte. Nun war aber der Deutsch-nationale Handlungsgehilfenverband wohl die einzige Organisation von kaufmännischen Angestellten, die sich als wirkliche Gewerkschaft betätigte. Darum bezeugt die Tatsache, daß sie sich nur ganz lose und mehr oder weniger unverbindlich mit den christlichen Gewerkschaften kartellierte, erst recht die Kluft, die zwischen Arbeitern und Angestellten bestand.

Der Weltkrieg hat dann allerdings eine gewisse Annäherung

zwischen beiden Parteien zu Wege gebracht, weil die schnell an-
steigenden Kosten der Lebenshaltung die Aufmerksamkeit auf
Interessen lenkten, die beiden Teilen, wie dem ganzen Volke, auf
den Nägeln brannten und jedenfalls bei größtmöglicher Geschlossen-
heit der organisierten Schichten eher eine beiderseits befriedigende
Lösung versprachen als bei getrenntem Vorgehen. Insbesondere
seit dem Gesetz über den vaterländischen Hilfsdienst, das den
Arbeiterverbänden einen steigenden politischen Einfluß einbrachte,
wünschten die Angestellten, daß auch ihnen dieser Einfluß irgendwie zu nutzen käme. Die Einseitigkeit und Zuspitzung der Entwicklung seit dieser Zeit und erst recht seit Ausbruch der Revolution
ließ alsdann die Angestellten mehr ihre früheren exklusiven Auffassungen in den Hintergrund treten lassen, wenn nicht völlig ver-
leugnen. Die Not zwang sie nicht nur an die Seite der Arbeiter
zum Austrag von sozialen und wirtschaftlichen Kämpfen, sondern
man identifizierte sich teilweise mit den letzteren, weil man an-
geblich einen wesentlichen Unterschied in den Interessen nicht mehr
erkennen zu können vorgibt.[1])

Darauf baut das Betriebsrätegesetz auf. Die Frage ist nun,
ob es ein- für allemal bei der gekennzeichneten Entwicklung sein
Bewenden haben wird, ob daher in der Tat eine Gemeinsamkeit
in der Vertretung der beiderseitigen Interessen innerhalb der Betriebsräte möglich ist. Man kann demgegenüber den Standpunkt
vertreten, daß gerade das Betriebsrätegesetz die offenbar vom Gesetzgeber als abgeschlossen angesehene Entwicklung wieder rückwärts
führen kann.

---

[1]) Charakteristisch ist, daß sich die Angestelltenverbände im Konzern der
freien Gewerkschaften heute schon gegen eine Agitation für Betriebs-
organisationen oder Industrieverbände richten müssen, die einheitliche
Organisationen von Kopf- und Handarbeitern sein sollen. Die „Deutsche
Techniker-Zeitung" Nr. 6, 1920 stellt aber in der Abwehr dieser Bestrebungen
fest: „Damit verneinen wir keineswegs die gemeinsamen Interessen,
die Angestellte und Arbeiter im Kampfe gegen das übermächtige Kapital
verbinden." Verneint wird nur die Notwendigkeit eines organisatorischen
Zusammenschlusses aller Hand- und Kopfarbeiter in einem Verband.

Fragen wir uns nur einmal, was denn überhaupt die ge=
meinsamen wirtschaftlichen Interessen der Arbeit=
nehmer (Arbeiter und Angestellte) dem Arbeitgeber gegenüber
sind. Durch den § 78 des Gesetzes sind diejenigen Interessen
ausgeschieden, die man als Sonderinteressen der beiden Kate=
gorien bezeichnen kann und deren Wahrnehmung im allgemeinen
nicht der Betriebsrat, sondern je der Arbeiterrat und der An=
gestelltenrat durchzuführen haben. Durch diese Absonderung
wird alles das, was die Lohnregelung (einschließlich der Lohn=
methoden), die Arbeitszeit, die besonderen Dienstvorschriften, die
Regelung von Beschwerden, die Bekämpfung der Unfall= und
Gesundheitsgefahren usw. angeht, aus dem Rahmen der gemein=
samen wirtschaftlichen Interessen herausgenommen. Demgegenüber
verbleiben aus dem § 66 noch an gemeinsamen wirtschaftlichen
Aufgaben: Die Unterstützung der Betriebsleitung durch
Rat zum Zwecke der Herbeiführung möglichster Wirtschaft=
lichkeit der Betriebsleistungen; die Mitarbeit an der Einführung
neuer Arbeitsmethoden; die Bewahrung des Betriebes
vor Erschütterungen; die Pflege und Förderung des
Einvernehmens innerhalb der Arbeitnehmerschaft sowie
zwischen ihr und dem Arbeitgeber und ähnliches; vor allem auch
die evtl. Teilnahme an der Verwaltung von Wohlfahrts=
einrichtungen verschiedener Art.

Auf die letzteren Ziele kommt es beim ganzen Betriebsräte=
gesetz im wesentlichen an. Die Frage muß daher lauten, ob in
diesen Punkten eine wirkliche Gemeinsamkeit der Interessen zwischen
Arbeitern und Angestellten besteht.

Das Näherrücken der Angestellten an die Arbeiterschaft erklärt
sich zweifellos in der Hauptsache aus der Angst heraus, die An=
gestellten möchten bei der ganzen Neuregelung der Lohnpolitik zu
kurz kommen. Das Eigentümliche der Entwicklung seit dem Kriege
und insbesondere seit der Revolution ist, daß die frühere Unter=
bewertung der Handarbeit im Verhältnis zur Kopfarbeit wie
zur geistigen Arbeit in der Zwischenzeit einer Überbewertung
Platz gemacht hat. Der Pendel ist völlig nach der anderen Seite

geschlagen. Diese Erscheinung näher zu erörtern, was übrigens an Hand der tatsächlichen Entwicklung nicht schwer fallen würde, kann nicht der Zweck dieser Zeilen sein. Jedenfalls liegt den Angestellten daran, bei dieser Entwicklung nicht unter die Räder zu kommen, und so lassen sie alle anderen Erwägungen in den Hintergrund treten, um an der Seite der Arbeiterschaft ihre Lohn- und Gehaltsinteressen wahrzunehmen. Sie nützen die augenblickliche Macht der Arbeiterschaft in diesem Sinne für sich aus. Es frägt sich allerdings, ob sie sich deswegen der Arbeiterschaft förmlich auszuliefern gezwungen waren, wie sie es in Wirklichkeit getan haben. Die Tatsachen der bisherigen Wahlen zu den Betriebs- räten lassen nämlich bereits mit aller Deutlichkeit erkennen, daß die Arbeiterschaft ohne Zweifel in der Mehrzahl der Betriebe das Übergewicht an sich reißen wird, was übrigens auch nur natürlich ist. Erstens wegen des zahlenmäßigen Überwiegens der Arbeiter- schaft, dann aber auch deswegen, weil die Arbeiterbewegung die Angestellten immer nur als Mitläufer bewerten wird. Der An- gestellte empfindet eben nicht wie die Proletarier und bleibt infolge- dessen ein mehr oder weniger unsicherer Kantonist. Irgendwann und irgendwie wird nun die Probe auf die wirkliche Gemeinsam- keit der Interessen beider Teile zu machen sein; sie aber muß negativ ausfallen. Sobald man sich nämlich an den Ver- gleich der beiderseitigen Interessen, wie sie im Betriebsrat wahr- zunehmen sind, begibt, stößt man auf eine natürliche Un- gleichartigkeit, zunächst zwischen der Arbeiterschaft und der Gruppe der kaufmännischen Angestellten. Das Arbeiter- interesse liegt, insbesondere nach der Auffassung der Arbeiter selbst, in der Produktion begründet. Vor allem nach den Darlegungen eines Karl Marx, der seine ganzen Theorien über den „Mehr- wert" mit dem Produktionsprozeß verbunden hat, gibt es in dieser Hinsicht für den Arbeiter keinen ernsthaften Zweifel mehr. Der kaufmännische Angestellte dagegen ist, wenigstens ganz allgemein betrachtet, ein Faktor der Distribution, der Verteilung. Das bringt ihn aber ganz von selbst an die Seite des Unternehmers. Sein ganzes Interesse konzentriert sich auf den glücklichen Ausgang des Verteilungsprozesses; er sieht immer wieder seine Belange mit dem glücklichen Gelingen der Unternehmerspekulation verknüpft. Seine Interessen fallen mit den reinen Unternehmerinteressen als solchen zusammen. Interessengegensätze zwischen ihm und dem Unternehmer kann es in diesem Punkte grundsätzlich nicht geben, sondern höchstens praktisch in der Auseinandersetzung über die Ertragsverteilung, während umgekehrt der Produktionsprozeß als solcher, also auch die technische Seite desselben, Unternehmer und Arbeiter jeden Augenblick in Konflikt bringen kann. Letzten Endes verdankt ja das Rätewesen der Überzeugung von der Notwendigkeit einer grundsätzlichen Änderung des bisherigen Verhältnisses in diesem Punkte seine Entstehung. Aus diesem Grunde wird ein Zusammengehen der kaufmännischen Angestellten mit den Arbeitern innerhalb der Arbeiterbewegung immer etwas Gekünsteltes an sich haben.

Und nun stelle man sich vor, daß und wie der Betriebsrat die Betriebsleitung zum Zwecke der Herbeiführung möglichster Wirtschaftlichkeit der Betriebsleitungen zu beraten hat! Rein menschlich genommen, muß hier der Gegensatz zwischen Arbeitern und kaufmännischen Angestellten herausspringen. Wie die Kundgebungen und Schriften der Gewerkschaften erkennen lassen, ist diesen, wenigstens den Führern, immer mehr zum Bewußtsein gekommen, daß einstweilen einschneidende Neuerungen zum Zwecke der Hebung der Produktivität weniger auf technischem Gebiete zu erwarten sind, als vielmehr auf dem Gebiete der Betriebsorganisation. Die Frage, wie hier gespart, verbessert und vereinfacht werden kann, bringt den Betriebsrat auf die Dauer ganz von selbst dazu, zu prüfen, ob sich nicht hinsichtlich der Menge und der finanziellen Behandlung der Angestellten etwas ändern lasse.

Hinsichtlich des Ausfalles dieser Prüfung ist zu bedenken, daß der Arbeiter gegen den Angestellten, insbesondere den kaufmännischen, eine natürliche Abneigung empfindet. Einmal auf Grund der früheren Stellung desselben ihm gegenüber, der sozialen Stellung sowohl, in der der Angestellte stets ein Gefühl der Überlegenheit ostentativ zur Schau trug, als auch in der Stellung im

3*

Betriebe, in der der Arbeiter den Angestellten als Parteigänger
des Unternehmers ansah, der, ebenso wie letzterer, von seiner Hände
Arbeit ungerechtfertigerweise zehre. Der Angestellte ist für den
Arbeiter mehr oder weniger Schmarotzer, und seine Dienste können
nach dieser Auffassung mindestens zu einem großen Teil entbehrt
werden. Geht nicht gerade das Genossenschaftswesen darauf aus,
solche überflüssigen Zwischenglieder zwischen Produzent und Kon-
sument auszumerzen? Sie gehören mit zu den Hindernissen auf
dem Wege, auf dem der Arbeiter das Recht auf den vollen Arbeits-
ertrag erringen zu können hofft.

Der technische Angestellte ist allerdings nicht ein Glied
des Prozesses der Distribution; er steht wie der Arbeiter in der
Produktion selbst. Die Entwicklung der Verhältnisse hat dazu
geführt, daß die Arbeiterorganisationen selber sogar Wert darauf
gelegt haben, die technischen Angestellten an ihre Seite zu bringen.
Zunächst spricht dafür, wenigstens für die Arbeiter mit sozialisti-
scher Auffassung, die allgemeine Erwägung, daß bei einer Über-
führung der Produktion in die Verwaltung der Allgemeinheit
die Mithilfe der technischen Angestellten zur Aufrechterhaltung
des Betriebsganges wünschenswert, wenn nicht unbedingt notwendig
sei. Dann aber kommt ein rein agitatorisches Moment hinzu,
das bereits in der Gegenwart eine sehr wesentliche Rolle spielt.
Einzelne Kategorien dieser Angestellten, vor allem die Werkmeister,
können in erheblichster Weise dazu beitragen, eine bestimmte
Richtung der Arbeiterorganisation (freie, christliche, Hirsch-
Dunckersche Gewerkschaften) in den Betrieben mehr oder weniger
zur alleinigen Herrschaft zu bringen. Der mit jeder Art von
Organisation naturgemäß verbundene Organisationszwang wird
dadurch wesentlich erleichtert. Das alles aber hebt die Ver-
schiedenheit der Interessen von Arbeitern und technischen Angestellten nicht auf, oder doch höchstens vorübergehend, in einer
Zeit wie der jetzigen. Der technische Angestellte kann an sich
gar nicht anders als eine gewisse Distanz zwischen sich und dem
Arbeiter wünschen; wie soll er sonst Autorität und Disziplin
wahren, die für die glatte Ausübung seiner Funktionen un-

entbehrlich find? Auch von seinem Gesichtspunkt ist daher ein
Sichausliefern an die Arbeiterschaft im Betriebsrat widernatürlich.[1])
Die — zumal heute — der Überschätzung der Handarbeit zu-
neigende Arbeiterschaft wird je länger je weniger geneigt sein,
die Vorzugsstellung des technischen Angestellten zu respektieren
und auf dessen, aus der besonderen Vorbildung fußenden Sonder-
ansprüche Rücksicht zu nehmen.

Kommen wir nun vollends zu einer umfangreicheren Einführung von Arbeitsmethoden in der Art des Taylor-Systems,
so bedeutet dieses aller Voraussicht nach eine Verschärfung der
Spannung zwischen Arbeitern und Angestellten, da in die Hand
der letzteren mehr und mehr die Tätigkeit des Aufsichtspersonals
übergeht. Wahrscheinlich wird der Angestellte in seinem Interesse
eine Einführung solcher Arbeitsmethoden wünschen. Der Arbeiter
dagegen steht ihr ablehnend gegenüber. Daran ändert keine Ver-
pflichtung des Betriebsrates, „an der Einführung neuer Arbeitsmethoden fördernd mitzuarbeiten" (§ 66, Absatz 2), etwas. Die
naturgemäß gegebene Spannung verschärft sich damit. Und ob
alsbann noch, zumal nach der Rückkehr mehr normaler Verhältnisse, ein Zusammengehen der beiderseitigen Organisationen
möglich sein wird, erscheint zum mindesten zweifelhaft.

Schließlich ist vom Standpunkte der konservativen, d. h. nicht
revolutionär gerichteten, Interessen der seitherigen Arbeiterorganisationen noch folgendes zu beachten: Die jetzt bereits vorliegenden Erfahrungen der Arbeiterbewegung beweisen, daß eine
Verknüpfung der Interessen der Angestellten mit denjenigen der
Arbeiterschaft zu einer Radikalisierung der Arbeiterbewegung er-

---

[1]) In die möglicherweise sich ergebenden Schwierigkeiten vermittelt einen
guten Einblick die erste Aussprache über den vom freien Bauarbeiterverband
angeregten Zusammenschluß aller baugewerblichen Arbeiter- und Angestelltenverbände zu einem Baugewerksbund. Nach den Mitteilungen von Schippel
in den Sozialistischen Monatsheften (5. u. 6. Heft, 1920, S. 275) „fürchtet
der Bund der technischen Angestellten und Beamten die Loslösung der
Ingenieure, Techniker, Architekten, zum Teil auch der Poliere, Schachtmeister
und Werkmeister . . ."

heblich beizutragen geeignet ist. Früher hatte in größerem Umfange nur die romanische Arbeiterbewegung, vor allem die
französische, ein stärkeres Kontingent von Angestellten der verschiedensten Art, einschließlich der Lehrer, aufzuweisen. Darauf
ist nicht zuletzt die revolutionäre Tendenz dieser Arbeiterbewegung
zurückzuführen. Die Erklärung dafür beruht auf durchaus natürlichen Erwägungen. Geht der besser vorgebildete Angestellte dazu
über, sich als Proletarier zu fühlen, so haftet einem solchen Vor-
gange immer etwas Gekünsteltes an, da die sozialen Unterschiede
keineswegs durch eine Annäherung in den materiellen Bezügen
und Verdienstmöglichkeiten aufgehoben werden. Gerade diese
künstliche Konstruktion, die eine Reihe von Zwischengliedern ge-
waltsam überspringt, treibt die Angestellten in einen Radikalismus
hinein, der um so wütender ist, je weniger er natürliche Stütz-
punkte hat.

In der deutschen Arbeiterbewegung konnte ein ähnlicher
Prozeß jetzt ebenfalls bereits sehr genau verfolgt werden. Zu
den lautesten Schreiern und wildesten Vorkämpfern des Radikalismus und Revolutionarismus in den deutschen freien Gewerkschaften
gehören seit langem die Vertreter der Handlungsgehilfen. Als
dann später die AFA (Arbeitsgemeinschaft freier Angestelltenverbände) gegründet wurde, wozu sich kaufmännische und technische
Angestelltenverbände, einschließlich des früher so zahmen Werk-
meisterverbandes, rechnen, stand diese Gemeinschaft sofort in den
vordersten Reihen des Radikalismus und ihre Führer sind großenteils Anhänger der Unabhängigen sozialistischen Partei, wenn
nicht vollendete Kommunisten. Intimere Kenner der deutschen
Arbeiterbewegung wissen von zahlreichen Beispielen scharfer per-
sönlicher Zusammenstöße zwischen Legien, dem Führer der freien
Gewerkschaften, und Aufhäuser, dem Führer der AFA, wobei
letzterer stets eine übertrieben scharfe Tonart im Sinne des
Radikalismus angeschlagen. Ferner gehören zu den Urhebern
der bekannten neun Punkte, durch die nach dem Staatsstreich der
Kapp-Lüttwitz eine Pression auf die Regierung im Sinne der
Beugung unter das Votum der Arbeiterorganisationen ausgeübt

wurde und von denen sich beispielsweise die christlichen Gewerkschaften ausdrücklich ausschlossen, einige Führer des Beamten-
bundes, der vorgibt, die politische Neutralität in Reinkultur
gezüchtet zu haben. Alles das bestätigt nur die oben erwähnte
Erfahrung, die jedem genaueren Kenner des Wesens der Arbeiterbewegung geläufig ist.

Daraus ergibt sich somit, daß, wenn die deutsche Gewerkschaftsbewegung etwas auf Tradition, aber auch auf friedliche
Förderung ihrer Interessen hält, sie der Verbindung von Angestellten und Arbeitern im Betriebsrätegesetz das größte Mißtrauen entgegenzubringen alle Ursache hat. So sehr auch der
Ursprung all der Erwägungen und Überlegungen, die zu diesem
Schlusse führen, ein verschiedener ist, so gleich bleibt sich doch
das Ergebnis.

Arbeitgeberwaffen im Betriebsrätegesetz.

Die Gewerkschaften haben alsdann das Betriebsrätegesetz zu
prüfen unter dem Gesichtswinkel der Stellung des Arbeitgebers
zum Betriebsrat. Die Fragestellung lautet hier ebenso knapp
wie deutlich und klar: Bietet das Gesetz den Arbeitgebern Hand-
haben, sich mittels bestimmter Vorschriften desselben der ihnen
doch immer lästigen Gewerkschaften zu entledigen? Diese Frage
muß, alles in allem, in bejahendem Sinne beantwortet werden.
In Betracht kommt hier zunächst alles das, was früher im Zusammenhang mit dem § 1 (Wesensbestimmung des Betriebsrates:
„Unterstützung des Arbeitgebers in der Erfüllung der Betriebszwecke") gesagt worden ist. Dem geschickten Arbeitgeber kann es
gar nicht schwer fallen, das Interesse der in seinem Betriebe beschäftigten Arbeiterschaft an einer Vorzugsstellung vor den Berufsgenossen zur allmählichen inneren Loslösung von der Gewerkschaft
auszunützen. Die gekennzeichneten Tendenzen in der Arbeiterbewegung kommen ihm dabei entgegen. Er kann es um so mehr,
als die Bestimmung des § 20 über die Wählbarkeit zum Betriebs-

rat[1]) ihn mit solchen Vertretern der Arbeiterschaft in Verbindung bringt, die ohnehin ein stärkeres Interesse an einer gewissen gefestigten Stellung im Betrieb selber bekundet haben. Ebenso wie die revolutionär gesinnten Mitglieder des Betriebsrats kann auch er sodann den Schlußabsatz des § 33[2]) in seinem Sinne ausnützen. Man muß sich diese Bestimmung nur einmal in der Hand der, von Unternehmern gestützten und geschützten „gelben" oder „wirtschaftsfriedlich" gerichteten Arbeiter vorstellen, um sofort zu ermessen, was ein geschickter Arbeitgeber damit machen kann. Selbst aus den von Adolf Levenstein gesammelten Briefen, deren Schreiber im allgemeinen doch gewiß nicht zu der Sorte der gemäßigten Arbeiter gehören, läßt sich ermessen, wie sehr auch der „modernste"-Arbeiter noch auf eine menschlich gute Behandlung seitens des Arbeitgebers reagiert. Diese Menschlichkeit, in Gegensatz gestellt zu einem etwaigen Betriebsrats-Radikalismus, kann den § 33 sehr gut als Werkzeug der Arbeiterzersplitterung ausnutzen.

Der sich etwa ergebende Einfluß kann dann weiter dadurch verstärkt werden, daß zu den Aufgaben des Betriebsrats nach § 66, Absatz 6 auch die Mitwirkung in der Verwaltung der Pensionskassen und sonstiger Wohlfahrtseinrichtungen gehört. Wohlfahrtseinrichtungen waren von jeher ein Mittel in der Hand kluger Arbeitgeber, die Arbeiter in verschiedene Parteien zu spalten. Eben deswegen verlangten die Arbeiter die Mitbeteiligung an der Verwaltung dieser Einrichtungen. Allein der Streit ist damit, daß diese Mitbeteiligung im Betriebsrätegesetz vorgesehen ist, nicht aus der Welt geschafft. Der Kern des Streites besteht darin, daß ein Teil der Arbeiter

---

[1]) § 20 besagt: „Wahlberechtigt sind alle mindestens achtzehn Jahre alten männlichen und weiblichen Arbeitnehmer, die sich im Besitze der bürgerlichen Ehrenrechte befinden. Wählbar sind die mindestens 24 Jahre alten reichsangehörigen Wahlberechtigten, die nicht mehr in Berufsausbildung sind und am Wahltage mindestens 6 Monate dem Betrieb oder dem Unternehmen sowie mindestens 3 Jahre dem Gewerbezweig oder dem Berufszweig angehören, in dem sie tätig sind. Kein Arbeitnehmer ist in mehr als einem Betriebe wählbar".

[2]) Vgl. Anmerkung auf S. 26.

diese Einrichtungen überhaupt beargwöhnt, während ein anderer
Teil sich durchaus mit ihnen befreunden kann. Hier handelt es
sich letzten Endes um Imponderabilien, wenn nicht um Welt-
anschauungsfragen, obwohl dieser Ausdruck eigentlich etwas zu
volltönend für den Gegenstand klingt. Ein Teil der Arbeiter ist
radikal darauf eingestellt, in allem nur nach den „ihnen ge-
bührenden" Rechten zu fragen; ein anderer dagegen betrachtet
die Vergünstigungen einer Wohlfahrtseinrichtung als etwas Besonderes, Auszeichnendes, auch wenn ein wohlerworbenes Recht
darauf besteht. Die Sache liegt ähnlich wie bei jeder Art von
Auszeichnungen des früheren Regierungssystems, etwa beim
Allgemeinen Ehrenzeichen oder dgl., die gerade von kleinen Leuten
sehr geschätzt wurden, obwohl man sich ein Recht darauf erworben
hatte. An solchen Punkten, wie überhaupt in der Beurteilung
karitativer Taten, scheiden sich die sozialen und kulturellen Auffassungen der Arbeiter und es bedarf nur der Klugheit des Unternehmers, um gerade infolge der Mitwirkung der Betriebsrats-
mitglieder an solchen Einrichtungen dem Betriebsrat allmählich
d i e Besetzung zu geben, die ihm und seinen Interessen genehm
ist. Und damit ist alsdann der weiteren Ausmutzung des Betriebsrats vorgearbeitet.

Indes die bedeutsamste Waffe für den Arbeitgeber liegt doch
in der Bestimmung des § 64, der sich mit dem Falle beschäftigt,
daß in einem Betriebe ein Teil der Arbeiter einem Tarifvertrag
untersteht, ein anderer nicht. Dazu bestimmt der § 64:

„Betrifft der Tarifvertrag nicht sämtliche Arbeitnehmer
des Betriebs, so wird für die n i c h t d u r c h d e n T a r i f -
v e r t r a g gebundenen Arbeitnehmer zwecks Wahrnehmung ihrer Interessen eine Betriebsvertretung nach Maß-
gabe dieses Gesetzes errichtet."

Dieser Betriebsvertretung obliegt dann natürlich die Regelung
der Arbeitsverhältnisse in weitestem Umfange im Einvernehmen
mit dem Arbeitgeber. Nun kann nicht geleugnet werden, daß die
hier in Frage stehende Bestimmung des Gesetzes geradezu zur
Ausprobung des Satzes anreizt: „Teile und herrsche!" Schon

eine verhältnismäßig geringere Besserstellung der nicht durch den
Tarifvertrag erfaßten Arbeiter ist geeignet, den anderen vom
Tarifvertrag erfaßten Arbeitern den Tarifvertrag zu verleiden.
Das ist aber das, was die shop stewards zu ihrem Ansehen
brachte: sie bewiesen durch die Tat, daß sie die Arbeiter ihres
Betriebes besser zu stellen vermochten als die Gewerkschaften
durch den Tarifvertrag. Einen Zwang auf die Arbeitgeber, von
solcher Besserstellung der Arbeiter abzusehen, kann es natürlich
nicht geben; im Gegenteil: würde er ausgeübt, so geschähe es
erst recht auf Kosten der gewerkschaftlichen Arbeitervertretung.

Es gibt aber noch eine aus anderer Richtung sich ergebende
Möglichkeit für den Arbeitgeber, auf dem Wege über den Betriebsrat seine Interessen in den Vordergrund zu rücken und allmählich,
aber sicher, die Arbeiterschaft der seitherigen Arbeiterbewegung zu
entfremden. Die bis jetzt schon vorliegenden Erfahrungen haben
da, nach intimen Geständnissen großer Arbeitgeber, bereits aller-
hand Erbauliches ergeben. Die betreffenden Arbeitgeber sahen
sich vor die Tatsache gestellt, daß die Betriebsräte in ihren Betrieben ganz oder fast ganz aus Radikalen bestanden. Nun ist
es eine in der Arbeiterbewegung sattsam bekannte Erscheinung,
daß der Radikalismus als solcher durchaus noch kein sicheres Boll-
werk gegen mancherlei Anfechtungen ist und daß der Radikale
keineswegs ein Cato an sittlicher Strenge zu sein braucht. Vielmehr konnte mehrfach beobachtet werden, daß gerade Radikale,
wenn es ihnen passend und vorteilhaft erschien, zu „Wirtschaftsfriedlichen" wurden, um bei gegebener Gelegenheit wieder die Toga
des Radikalen anzuziehen. [1] Es handelt sich da um jene Elemente,
deren leitender Gedanke die Wahrnehmung des eigenen Profits
unter allen Umständen ist. Und nun weiß man schon jetzt aus
dem Munde raffinierter Arbeitgeber, daß sie sich die Hauptschreier

---

[1] Am 13. April 1920 stellte der Abgeordnete H u e in der Deutschen
Nationalversammlung bei der Schilderung des Kommunistenaufstandes im
Ruhrbezirk fest: „Eine ganze Anzahl von Personen, die in jenen anarchisti-
schen Tagen eine ausschlaggebende Rolle spielten, waren als ehemalige Führer
der gelben Gewerkschaftsbewegung bekannt."

eines radikalen Betriebsrates einfach „kauften" — eine Erscheinung, die angesichts der erschreckenden Verbreitung der Bestechlichkeit und Käuflichkeit in unseren Tagen durchaus nichts Auffälliges an sich hat. Diese „Vertreter der Arbeiterinteressen" tragen dann auch ferner nach außen den radikalen Schein zur Schau und terrorisieren die Arbeiter, während sie in Wirklichkeit den Gang der Dinge so führen und beeinflussen, wie es ihr Brotherr ihnen suggeriert. Insbesondere hat sich die Teilnahme an den mit Aufsichtsrat=sitzungen verbundenen Veranstaltungen (Essen, geselliges Bei=sammensein usw.) als ein geeignetes Mittel zum Zweck für die Arbeitgeber ergeben. Menschliches, allzu Menschliches ist ja be=sonders heute auf allen Gebieten sichtbar.

Welche Gefahren nun auf diesem Wege der Arbeiterbewegung und den Gewerkschaften insbesondere drohen, braucht nicht weiter ausgemalt zu werden. Die Gewerkschaften tragen übrigens selber einen Teil der Schuld an diesen Zuständen und zwar durch ihr allzu unvorsichtiges Einschwenken in das politische Fahrwasser. Die Tatsache, daß ein großer Teil von Gewerkschaftsführern zu politischen Stellungen gelangte, hat manchen unteren Führer es ratsam erscheinen lassen, sich ebenfalls mit Wucht auf Gebiete zu werfen, die ein Fortkommen außerhalb der alltäglichen Gleise versprechen. Mancher erhofft das vom Betriebsrat. Damit wird die Arbeiterbewegung für viele zu der Brücke, auf der sie ihren Weg zu den jenseitigen lockenden Ufern zu finden hoffen. Die unruhigen und schwankenden Verhältnisse der heutigen Tage sind ein vorzügliches Feld zu solchen Experimenten, um so mehr, als diese Verhältnisse Elemente an die Oberfläche gebracht haben, die für eine lange, ruhige, zumeist ehrenamtliche gewerkschaftliche Karriere kaum zu haben waren.

Und so erwachsen aus der neuen Gesetzgebung über die Be=triebsräte Gefahren für die Gewerkschaften, die sie an ihren emp=findlichsten Punkten treffen. Kommt einmal die gewerkschaftliche Solidarität ins Wanken, dann ist trotz ihrer strengen Anforderungen an Disziplin und Einordnung nicht weniger wie alles verloren.

Schlußfolgerungen und Vorschläge.

Die voraufgegangenen Ausführungen drängen die Frage auf: **Was können und sollen die Gewerkschaften tun, um die aufgezeichneten Gefahren zu bannen?**

Die Betriebsräte in der Form, wie sie gesetzlich festgelegt sind, sind für die Gewerkschaften ein dringliches Warnungssignal, sich nicht mit geschlossenen Augen in den Strudel überstürzter Entwicklungen hineinziehen zu lassen, sondern sich heute noch mehr denn je auf die ureigentlichen Aufgaben zu besinnen, die den Gewerkschaften gestellt sind. Daß die Betriebsräte, ebenso wie die shop stewards, überhaupt entstehen konnten, ist doch ein Beweis dafür, daß die gewerkschaftliche Organisationsform nicht mit der Entwicklung in Einklang geblieben ist. Und weil man das übersehen hat, darum konnte radikal-revolutionärer Wind die Segel von Institutionen schwellen, die an sich durchaus organisch aus den Gewerkschaften hätten herauswachsen können. Mit den paar Schutzklauseln im Gesetze ist die Sache nicht wieder „einzurenken". Es kommt auf eine kluge Einstellung auf neue Bedürfnisse an. Nun ist gewiß ohne weiteres zuzugeben, daß die Gewerkschaften z. T. ohne eigenes Zutun, einfach durch die Kraft einer elementar sich bahnbrechenden Verschiebung der Kräfte im öffentlichen Leben, von ihrer ursprünglichen Aufgabe der Beschränkung auf die Regelung der Lohn- und Arbeitsverhältnisse etwas abgedrängt worden sind, wodurch sich auch die Vernachlässigung der Anpassung der Organisationsform an die sich entwickelnden Bedürfnisse zu einem Teil erklärt. Um die Sache verständlich zu machen, sei hier an Hand der Geschehnisse in den christlichen Gewerkschaften, die dem Verfasser aus eigener jahrzehntelanger Praxis bekannt sind, zu illustrieren versucht, welche Richtung die Verhältnisse allmählich der Gewerkschaftstätigkeit mehr oder weniger aufgedrängt haben.

Die christlichen Gewerkschaften traten mit dem Willen auf, ihre Tätigkeit rein auf das wirtschaftliche Gebiet, d. h. insbesondere auf die Einflußnahme auf die Lohn- und Arbeitsverhältnisse, zu beschränken. Das Aufgabengebiet war somit ein durchaus eng begrenztes. Das ließ sich aber nur so lange durchführen, als die Kaufkraft des Lohnes wesentlich von der gleichen Höhe war wie der Nominalbetrag desselben. Solange also der Reallohn nicht in erheblichem Maße sich von dem Nominallohn unterschied und jede Lohnerhöhung mehr oder weniger vollständig der betreffenden Arbeiterkategorie zugute kam, konnte die Gewerkschaft davon absehen, von ihrem ureigensten wirtschaftlichen Arbeitsgebiete abzugehen. Seit der zweiten Hälfte des ersten Jahrzehntes dieses Jahrhunderts nun war die Tatsache zu verzeichnen, daß nach und nach die Kaufkraft des Lohnes hinter dessen Nennbetrag zurückblieb. Es ist bekannt, wie gerade um die erwähnte Zeit sich mehr und mehr die allenthalben einsetzende Teuerung bemerkbar machte. Das führte alsbald innerhalb der Arbeiterbewegung zu gereizten Auseinandersetzungen darüber, ob die Tätigkeit der Gewerkschaften überhaupt einen Zweck habe oder ob sie nicht letzten Endes doch Sisyphusarbeit, d. h. vergebliches Bemühen, sei. Um das Jahr 1909 erreichten die Auseinandersetzungen im Lager der freien Gewerkschaften ihren Höhepunkt, nachdem Karl Kautsky in seinem Buche „Der Weg zur Macht" die Gewerkschaftsarbeit als eine unlohnende Tätigkeit ausdrücklich charakterisiert hatte und von der Arbeiterbewegung ein entschlossenes Einschwenken in das politische Gebiet forderte. [1] Das Ergebnis der Auseinandersetzungen war, daß nunmehr innerhalb der Gewerkschaften aller Richtungen der Frage des Reallohnes eine ganz andere Aufmerksamkeit zugewendet wurde wie bisher, damit aber auch der Frage der Lebensmittelversorgung und der Wirtschaftspolitik. Das bedeutete letzten Endes eine Erweiterung des Aufgabengebietes für alle Gewerkschaften.

Andere Beobachtungen und Erfahrungen verstärkten diese Tendenz. Seit Mitte der neunziger Jahre des vorigen Jahrhunderts war der Tarifvertrag immer mehr zum Siege geführt worden.

---

[1] Vgl. die, auch als Broschüre erschienene, Artikelreihe des Korrespondenzblattes der Generalkommission „Sisyphusarbeit oder positive Erfolge?", Jahrgang 1909.

Daburch ging allmählich bem gewerkschaftlichen Auftreten ein Stück seiner bisherigen Eigenart verloren. Das Versinken in der mehr oder weniger mechanischen Verschiebung von Lohnsätzen in verhältnismäßig kleinem Maßstabe, das mit einer gewissen Regelmäßigkeit von Periode zu Periode vor sich ging und einen großen Teil der Arbeit der Gewerkschaftsbeamten festlegte, brachte die Gewerkschaftstätigkeit um ihren hohen Schwung. Die innere Bewegung gleichsam erstarrte. Das Verknöchern, das die beutsche Gewerkschaftsbewegung so oft der englischen vorgehalten hatte, begann sich nun auch in Deutschland fühlbar zu machen. Das Ergebnis war eine gewisse Lähmung und Erstarrung, die auf die Dauer nicht ohne Einfluß auf die gesamte Arbeiterbewegung bleiben konnte. Eben um diese Zeit nahmen benn auch ganz natürlicherweise die heftigen Angriffe der Revolutionsromantiker auf die Gewerkschaften zu, wobei insbesondere auf die „bornierten" und „verspießerten" Gewerkschaftsführer losgehackt wurde. Es entstand die sog. Massen- und Führerfrage, die der Gewerkschaftsbewegung sehr empfindlich geschadet hat, vor allem auch in ihrer zahlenmäßigen Ausbreitung. Das alles brängte wiederum die Gewerkschaften bazu, sich die Frage vorzulegen, ob ihre Tätigkeit in der vorliegenden Form noch zur richtigen Erfassung der Arbeiterschaft genüge. Innerhalb der christlichen Gewerkschaftsbewegung brängte sich im Zusammenhang mit dieser Gewissenserforschung gebieterisch die Notwendigkeit auf, viel mehr als früher die sittlichen Triebkräfte in den Dienst der gewerkschaftlichen Propagandatätigkeit zu stellen. Die Erkenntnis dieser Notwendigkeit ist ein Grund mehr für die Heftigkeit, mit welcher der Kampf gegen die sog. Berliner Fachabteilungsrichtung durchgefochten wurde, die zwar ihrerseits durch die religiöse, ja konfessionelle Einstellung der Arbeiterbewegung die sittlichen Triebkräfte in Bewegung zu bringen suchte, durch die von den kirchlichen Behörden geforderte Vorschrift der ausschließlichen Herleitung dieser sittlichen Triebkräfte aus dem rein konfessionellen Gebiet jedoch die interkonfessionellen christlichen Gewerkschaften zwang, sich eine unliebsam empfundene Zurückhaltung aufzuerlegen.

Endlich ist unter dem besonderen Gesichtswinkel dieser christlichen Gewerkschaften noch darauf hinzuweisen, daß diese allmählich ein immer stärkeres Kontingent von Staatsarbeitern und -Angestellten in ihre Reihen aufgenommen hatten. Diesen Kategorien gegenüber, die durch ihren Dienstvertrag gebunden waren, war eine Lohnpolitik der in der Privatindustrie üblichen Art nicht möglich. Sie mußten mit anderen Mitteln erfaßt und in der Bewegung erhalten werden, damit zunächst einmal in ihnen eine Grundlage für die Erfassung der Gewerkschaftsidee geschaffen würde. So mußte man sich in verstärktem Maße auf das Gebiet der Wohnungs- und Bodenpolitik werfen — was dann im Zusammenhang mit der sonstigen Entwicklung auf die Dauer auch die übrigen Verbände nicht unbeeinflußt ließ. Kurz: auch von dieser Seite aus eine weitere Ausdehnung des Aufgabengebietes.

Dazu kommt schließlich die unendlich vergrößerte Bedeutung, in die der K r i e g die Gewerkschaften hineingestellt hat. Regierung und Volk gewöhnten sich allmählich daran, in ihnen die eigentliche Vertretung der Arbeiterschaft überhaupt zu sehen, weil sie praktisch an allen Ecken und Enden benötigt wurden. Die Zeit n a c h   d e r   R e v o l u t i o n mit ihrer gewaltigen Ausdehnung der Arbeitermacht hat diesen Prozeß vollendet. Heute liegt in den Händen der Arbeiterschaft großenteils die Führung des Staatswesens. Praktisch läuft das hinaus auf eine erneute Verstärkung des Gewerkschaftseinflusses und auf eine Ausdehnung ihrer Tätigkeit. Aus der früheren reinen G e w e r k s c h a f t s i d e e ist im Laufe der Zeit eine allgemeine S o z i a l i d e e geworden.

Aus dieser Schilderung ergibt sich aber zugleich, daß manches neue Teilgebiet aus dem gewerkschaftlichen Aufgabenkomplex überhaupt nicht mehr herausgenommen werden kann. Was hier namentlich in Betracht kommt, habe ich in meiner Schrift „Bodenfrage und Arbeiterinteresse" (Jena 1916) darzutun unternommen. Etwas anders dagegen liegen die Dinge in Bezug auf die eigentliche Beeinflussung des Reallohnes: hier kann vieles, wenn nicht das meiste d e n   K o n s u m g e n o s s e n s c h a f t e n überlassen werden. Damit soll nicht gesagt sein, daß die Gewerkschaften etwa die

Beobachtung der Wirtschaftspolitik zu vernachlässigen hätten. Das können sie in ihrem eigenen Lebensinteresse nicht. Allein die tätige Einwirkung darauf ist Sache der Konsumgenossenschaften. Ihnen sollte der Vortritt gelassen werden, die regelmäßige Beobachtung der Wirtschaftsvorgänge, das fortgesetzte Aufstellen von Statistiken über die Kaufkraft des Lohnes, das Einbringen von bezüglichen Anträgen an die Gesetzgebung usw. Eine Arbeitsteilung also zwischen Gewerkschaften und Konsumvereinen, wobei es den Gewerkschaften in der Hauptsache obliegen würde, sich für die Durchschlagskraft der konsumgenossenschaftlichen Unternehmungen in der Öffentlichkeit einzusetzen. Damit wäre zugleich wirksame Vorarbeit geleistet für das Auftreten der Gewerkschaften in der zentralen Arbeitsgemeinschaft, von der ebenfalls wohl erwartet werden darf, daß sie die Beobachtung des Reallohnes zu einer ihrer dauernden Einrichtungen machen wird. Nach allem, was vorliegt, kann man kaum behaupten, daß die Konsumgenossenschaften seither die ihnen hier zugedachten und doch jedenfalls im allernächsten Bereich ihrer Aufgaben liegenden Tätigkeiten erfüllt oder deren Erfüllung auch nur wirksam angebahnt hätten.

Das schwierigste Kapitel ist ohne Zweifel das der politischen Betätigung. Je mehr sich unsere Institutionen der Demokratie, wenigstens der formalen, genähert haben, umsomehr hat sich der Satz von Karl Marx bewahrheitet, daß der Gewerkschaftskampf durch seine Folgen für das öffentliche Leben ein politischer Kampf sei. Darum werden sich die Arbeiterinteressen ganz von selbst im politischen Leben fühlbar machen und durchsetzen. Immer aber wird der von ihnen ausgehende Einfluß vorwiegend wirtschaftlicher Natur sein, und dementsprechend müssen auch die Ausdrucksformen gestaltet sein. Der Ausbau der Räte von den Betriebsräten über gemeindliche Arbeiterräte, als Zusammenfassung der Räte aller Berufsgruppen, dann weiterhin über Bezirksräte bis hinauf in den Reichswirtschaftsrat ist eine durchaus logische Entwicklung. Nicht aber sollte der Ehrgeiz nun auch auf das allgemeinpolitische Gebiet hinauslocken. Geschieht das —

und es ist in letzter Zeit weiderholt geschehen, besonders im Anschluß an den Kapp-Putsch [1]) —, dann wird den Revolutions-
romantikern erst recht Tür und Tor geöffnet, wie sie es durch die
Industrieverbände in ihrem Sinne mit hartnäckiger Konsequenz
erstreben. Dann aber ist es bis zum eigentlichen Syndikalismus,
der, nach einem Ausdruck von Lederer (a. a. O.), seinem Wesen
nach an die Substanz der Wirtschaft greift, nicht mehr weit.
Damit würde aber vor allen Dingen die Arbeitsgemeinschaft in
Frage gestellt. Deren Konstruktion ist ohnehin einstweilen noch
sehr zart, und eines besonders starken Anstoßes bedarf es kaum,
um sie vollends zu zertrümmern. Das heißt dann ferner, daß
das große Ziel, welches allein der Gewerkschaftsbewegung unter
den heutigen Verhältnissen eine Daseinsberechtigung verleihen kann,
das Ziel einer Produktionsgemeinschaft, in Frage
gestellt wird.

Die Politik zieht aber auch die Gewerkschaften von den sehr
wichtigen neuen Aufgaben ab, die ihnen der Rätegedanke in seiner
praktischen Verwirklichung stellt. Diese Aufgaben bestehen in
einer ganz anderen Erfassung der Grundlagen der Arbeiterstellung
im Wirtschaftsleben wie im gesamten Leben der Nation, als man
bisher verzeichnen konnte. Der frühere wirtschaftliche Reichtum
ließ allenfalls die Härten und Reibungen ertragen, die sich aus
der sehr mechanisch zu Werke gehenden Gewerkschaftstätigkeit er-
gaben. Der Ausgleich für etwaigen volkswirtschaftlichen Schaden
trat mehr oder weniger in irgend einer Form selbsttätig ein.
Das ist heute nicht mehr der Fall. Eine volkswirtschaftliche
Versündigung der Gewerkschaften ist heute irreparabel. Die

---

[1]) Nach einem Zitat der Frankfurter Zeitung Nr. 258 vom 9. April
schrieb das Blatt der Unabhängigen Sozialisten, die Freiheit, über die Er-
gebnisse des Kapp-Putsches und des Kommunistenputsches im Ruhrrevier
von den freien Gewerkschaften, dieselben hätten „durch die führende Teilnahme an der großen politischen Aktion des Proletariates den Schritt aus
dem Turm der bloßen berufsständigen Interessen heraus endgültig getan.
Sie ... haben sich entschlossen, von ihrem Gewicht auch in politischem Kampf
Gebrauch zu machen. Und von diesen neuen Wegen gibt es kein Zurück".

Gewerkschaften sind daher schon aus diesem Grunde verpflichtet, die durch das Betriebsrätegesetz jetzt erstmalig an sie gestellte konkrete Anforderung der Vertiefung in die Fragen der Betriebs= technik und =organisation sehr ernsthaft in ihren Bereich zu ziehen. Die Mitwirkung bei der Einführung neuer Arbeits= methoden, die Teilnahme an den Sitzungen des Aufsichtsrates, die Beurteilung der Aussichten und Möglichkeiten des Betriebes, das Abwägen dessen, was eine Gewinn= und Verlustrechnung besagt usw., das alles zwingt zu intensivster Beschäftigung mit einer Reihe von Fragen, denen die Gewerkschaften bisher großen= teils ferngestanden haben. Vor allem zwingt es zu einer ganz anderen Auslese der Gewerkschaftsfunktionäre und zu einer sehr soliden Grundlegung der Ausbildung der Gewerkschaftsbeamten. Diese Beamtenauslese erfolgte seither in Deutschland in der Hauptsache nach agitatorischen und gewerkschaftsorganisatorischen Gesichtspunkten. Es konnte, zumal bei dem Aufschwung der Gewerkschaften nach der Revolution, kaum anders sein, da die Massen zu Hunderttausenden in diese Gebilde einströmten und die Kräfte zur agitatorischen und organisatorischen Betätigung hergenommen werden mußten, wo sie sich eben boten. Übrigens bietet der Beruf des Gewerkschaftssekretärs mit seiner unbestimmten, unbefristeten Arbeitszeit, mit den vielen Anforderungen an die moralische und finanzielle Opferwilligkeit in unserer Zeit des Achtstundentages, der völlig veränderten Bewertung der hand= arbeitlichen Leistungen und der Verrohung großer Volksteile nicht viel Verlockendes. So kommt es, daß nur ein verhältnismäßig kleiner Teil der Gewerkschaftsbeamten eine einigermaßen über das Elementarste hinausgehende volkswirtschaftliche Bildung aufweist. Diese reicht aber keineswegs aus, um etwa zu einer wirklich ernsthaften Bilanzlesung und =beurteilung zu befähigen. Ebenso= wenig wird die Betriebstechnik und =organisation beherrscht. Die Ausbildung der Gewerkschaftsbeamten und der nicht freigestellten Funktionäre muß daher hier mit aller Macht einsetzen. Die Überlegenheit der Gewerkschaftsbeamten und sonstiger gewerk= schaftlicher Vertrauensleute auf diesem Gebiete im Verhältnis zu dem Arbeiterdurchschnitt wird dann ganz von selber dazu führen, daß allmählich diese Gewerkschaftsvertreter in die eigentlich wichtigen Posten des Betriebsrats hineingewählt werden, was durch eine entsprechende Klausel im Betriebsrätegesetz sehr leicht zu ermöglichen ist.

Erst damit fängt der Betriebsrat an, seinen eigentlichen Zweck zu erfüllen, nämlich die Arbeiterschaft in der Privatwirtschaft unmittelbar zur Vertretung und zur Geltung zu bringen. Daran, daß hier wiederum Arbeitervertreter im weiteren Sinne eine ausschlaggebende Rolle spielen, wie das für die Gewerkschaftsbeamten zutrifft, darf kein Anstoß genommen werden. Unsere Zeit der Massen und der Massenbewegungen kann sich nur in dieser Weise einer geschulten Vertretung ordnungsgemäß auswirken. Wesentlich ist, daß allmählich auch in dieses Gebiet der sozialen Demokratie die vernünftige Einsicht und Überlegung ihren Einzug hält.

Aber auch die wesentliche Bestimmung der Gewerkschaften wirkt sich durch diese Mitarbeit auf dem ureigentlich praktischen Gebiete erst recht aus. Dadurch, daß die Gewerkschaftsfunktionäre im weiteren Sinne sich unmittelbar innerhalb der Wirtschaft betätigen, erfüllt sich auch der tiefere Zweck der Gewerkschaft, die nur als integierender Bestandteil der Volkswirtschaft sich an der Hebung der Produktivität beteiligen und so den eigenen Zielen vorarbeiten kann. Denn von der Hebung der volkswirtschaftlichen Produktivität hängt letzten Endes, wie ich in meiner Schrift „Gewerkschaft und Volkswirtschaft" nachgewiesen zu haben glaube, das Schicksal der Gewerkschaftsbewegung ab. Hier ist die Grundlage, die Arbeiterschaft dauernd und allgemein zu heben, was nicht möglich ist durch mechanische Steigerung der Nominallohnsätze ohne Rücksicht auf die daraus entstehenden Folgen für die Volkswirtschaft allgemein und dadurch auch für die Arbeiterschaft im besonderen.

Das Problem der gewerkschaftlichen Organisationsform.

Aus dem Zusammenhang mit den voraufgegangenen Aus=
führungen, die zuletzt mehr auf das volkswirtschaftliche Gebiet
hinüberführten, tritt nun erneut, als für die Gewerkschaften selber
außerordentlich bedeutsam, die Frage vor uns: Erweisen sich
Abänderungen des bisherigen Aufbaues der gewerk=
schaftlichen Organisationsform als notwendig?

Vorhin ist darauf hingewiesen worden, daß an sich eine Ein=
richtung von der Art der Betriebsräte aus den Gewerkschaften
selber hätte hervorwachsen können. Sodann wurde nachgewiesen,
daß seit langen Jahren die Massen selber die Notwendigkeit von
Änderungen des gewerkschaftlichen Organisationsaufbaues emp=
funden haben; sonst hätte die „Massen= und Führerfrage", trotz
aller verhetzenden Agitation der Politiker, nicht jenen Umfang
und jene Bedeutung annehmen können, die sie tatsächlich erlangt
hat. Die Massen fühlten sich in ihrem Gewerkschaftsverhältnis
tatsächlich unter dem Regime eines Bürokratismus, und sie ver=
langten in allen möglichen Formen nach Einrichtungen, die es
ihnen ermöglichen sollten, selber wieder irgendeine aktive Rolle
mitspielen zu können. Der ganze englische Syndikalismus ist
nur so verständlich und ebenso auch der Zustand der Dinge in
Deutschland vor dem Kriege. In diesem Punkte also läuft das
Interesse der Gewerkschaften paralell mit demjenigen der Sozial=
politik, insoweit letztere unter dem Druck einer neuen Zeit in der
Einrichtung von Betriebsräten, wie im Rätewesen überhaupt,
nach Neu= und Ausgestaltung rang und ringt. Der ganze Räte=
gedanke bedeutet doch letzten Endes nichts anderes als das Streben
nach einer Möglichkeit für die Beteiligten, ihr Schicksal selbst aktiv
mitzugestalten. Für die Betriebsräte im besonderen gilt, daß sie
eine Erfüllung des Sehnens der Arbeiterschaft bringen sollen,
sich nicht ewig und unausweichlich als bloßes, mechanisch in Tätigkeit
tretendes Rädchen im Prozeß der Gütererzeugung fühlen zu müssen,
sondern als menschliche Persönlichkeit sich mitten im Flusse des
Geschehens auch im Arbeitsprozeß fühlen, diesen Prozeß in seiner

Weiterentwicklung irgendwie übersehen zu können. In beiden Hinsichten, also sowohl nach der Seite der gewerkschaftlichen Interessen als nach jener der volkswirtschaftlichen und sozialen hin, tritt mit besonderem Nachdruck der einzelne Betrieb in den Vordergrund. Auf seinem Boden soll die Gewerkschaftsdemokratie ebenso einen Ausdruck finden wie die Wirtschaftsdemokratie. Beide Male aber ist die Gewerkschaftsbewegung mit in erster Linie interessiert. Für die bisherigen Versuche, eine geeignete Lösung zu finden, gilt dies: Man hat diese Lösung allzusehr auf formalem Wege gesucht, in der Gewerkschaftsbewegung, indem man Industrieverband, Berufsverband und Betriebsorganisation einander gegenüberstellte und mehr oder weniger brutal das ausschließliche Bekenntnis der gesamten Gewerkschaftsbewegung zum Industrie= oder zum Betriebsverband verlangte, oder aber für die eine Kategorie von Arbeitern diese, für eine andere jene Organisationsform, unter möglichster Zurückdrängung des Berufsverbandes, vorgeschrieben wissen wollte; in der Sozialpolitik durch ein Betriebsrätegesetz, das den Arbeitern eine Reihe von neuen Berechtigungen brachte, ohne daß jedoch, worauf es ankäme, ein wirklich inniges Verhältnis zwischen Betrieb und Arbeiterschaft herbeigeführt oder eingeleitet wäre. Auf beiden Gebieten muß darum der Weg der bloßen Formallösung verlassen werden. Wie kann das geschehen? Darüber zum Schluß wenigstens einige allgemeinen Andeutungen.

Die Gewerkschaften als Erzeugnis der wirtschaftlichen Entwicklung haben sich möglichst sorgfältig dieser letzteren anzupassen. Nun hat die wirtschaftliche Entwicklung je länger je mehr die beruflichen Verhältnisse innerhalb der Arbeiterschaft gründlich verschoben. Der eigentliche Handwerksgeselle tritt als solcher immer weniger hervor, sondern geht in ständig steigendem Maße als gelernter Arbeiter in die Fabrik. Man braucht sich zum Beweise dessen nur die hunderterlei „Metamorphosen" vorzustellen, in welchen beispielsweise der gelernte Schlosser (das Wort in seiner ehemaligen Bedeutung genommen) in der Metallindustrie auftritt. Neben diesen gelernten Arbeiter, der immer zu den bevorrechtigten Schichten der Arbeiterschaft zählen wird, tritt sodann

im modernen Großbetrieb der angelernte Arbeiter. Es ist
das jene größte Gruppe der Arbeiter der heutigen Industrie, die
eigens für deren Spezialbedürfnisse im Betriebe selber erzogen
wird. Diese Arbeiter verrichten insbesondere Teilarbeiten und
empfehlen sich nicht selten dadurch, daß sie nach dem Wechsel der
Spezialbedürfnisse des Betriebes von der einen Teilarbeit zu einer
anderen übergehen können. Sie kleben nicht an gewerblichen Über-
lieferungen. Diese Sonderstellung der angelernten Arbeiter macht
ihre Arbeit für den Betrieb ausnahmsweise ergiebig, und daraus
erklärt es sich, daß sie in ihrem Verdienste sehr leicht den gelernten Arbeitern den Rang ablaufen. Eine Auseinandersetzung
über die Grundlagen der Bezahlung beider Kategorien innerhalb
der Gewerkschaftsbewegung hat, soviel mir bekannt, in größerem
Umfange bisher noch nicht stattgefunden. Das beruht zweifellos
in der Hauptsache auf dem Umstande, daß die gelernten Arbeiter,
auch die im Großbetrieb beschäftigten, in der Mehrzahl ihrem Be-
rufsverbande angehören, die angelernten aber einem Industrie-
verbande. Und selbst wenn sie beide im gleichen Industrieverband
organisiert sind, besteht doch kaum eine ausreichende Klarstellung
der beiderseitigen Lohnverhältnisse. Darauf beruht nicht zuletzt
die technisch schwere Durchführbarkeit der Tarifverträge in der
Großindustrie.[1] Die Gewerkschaftsbewegung ist also in dieser
Hinsicht der neuartigen Differenzierung der Arbeiterverhältnisse
noch nicht genügend nachgegangen.

Zu dieser Erscheinung gesellt sich dann die oben mehrfach
hervorgehobene Stellung des Bergbaues. Nach einer Broschüre
des Gewerkvereins christlicher Bergarbeiter (Sitz Essen) über den
Tarifvertrag für den Rheinisch-westfälischen Steinkohlenbergbau vom
2. Februar 1920 umfaßt dieser Tarifvertrag nicht weniger wie
rund 80 verschiedene Gruppen von Arbeitern. Darunter befinden
sich nicht bloß die eigentlichen Bergleute, sondern auch wohl ein
Dutzend solcher Gruppen, die man etwa der Metallindustrie zu-

---

[1] Vgl. Sozialpolitische Chronik im Archiv für Sozialwissenschaft, Bd. 36,
S. 695.

rechnen kann; dann ferner „gelernte Maurer, Zimmerer, Schreiner, Dachdecker, Klempner, Anstreicher, Gärtner", und unmittelbar im Anschluß daran „angelernte Maurer, Zimmerer, Schreiner, Dachdecker, Klempner, Anstreicher, Gärtner, Bauhilfsarbeiter". Die Lohnfestsetzung ist offenbar in der Weise erfolgt, daß die eigentlichen Bergleute in jeder Beziehung den Vortritt haben. Die gelernten Arbeiter sind oft willkürlich zusammengefaßt und unter eine einzige Lohnkategorie gebracht, so, daß beispielsweise für die ganze eben angeführte Gruppe „gelernte Maurer usw." ein Stundenlohn von 3,55 M. ohne jeden Unterschied vorgesehen ist, für die zweiterwähnte Gesamtgruppe der angelernten Maurer usw. ein Stundenlohn von 3,40 M. ebenfalls wieder ohne jeden Unterschied. Im sonstigen Leben besteht dagegen in keiner Weise eine Einheitlichkeit in der Entlohnung dieser verschiedenen Gruppen, von denen einzelne überhaupt keine Spur der Berufsverwandtschaft untereinander haben. Würde nun durch die Zusammenfassung all dieser Gruppen in einem bergbaulichen Industrieverband aller Streit geschlichtet sein? Das wäre m. E. eine allzu schematische Lösung, die die Quelle der Unzufriedenheit gewiß nicht verstopfen könnte. Vielmehr erscheint mir folgender Ausweg als der gangbarere:

1. Die prinzipiellen Grundlagen der gewerkschaftlichen Lohnpolitik müssen zu einem besonderen Gegenstand der dauernden Beobachtung durch die Gesamtzentralen der Gewerkschaften (z. B. die seitherige Generalkommission für die freien Gewerkschaften, den Gesamtverband für die christlichen Gewerkschaften) gemacht werden, die alsdann das Ergebnis ihrer Untersuchungen zugleich mit Vorschlägen für die praktische Weitergestaltung den einzelnen angeschlossenen Verbänden zu unterbreiten haben. Natürlich können Vorschläge nicht formuliert werden ohne fortgesetzte Beratung und Auseinandersetzung mit den zuständigen Stellen der einzelnen Verbände. Nur muß mehr und mehr der zentrale Charakter der gewerkschaftlichen Lohnpolitik in den Vordergrund treten und praktisch zum Ausdruck gebracht werden. Wahrscheinlich wird einem solchen

Verlangen gegenüber sofort der Einwand erhoben werden, daß
da ein Eingriff in die Selbständigkeit der einzelnen Verbände
vorliege. Das ist indes keineswegs der Fall, da es sich nur um
die Aufstellung von Richtlinien handelt, die allmählich eine
größere Einheitlichkeit in der Lohnpolitik herbeiführen sollen.
Erst wenn eine solche Einheitlichkeit wenigstens im großen und
ganzen herbeigeführt ist, läßt sich auch das gewerkschaftliche
Beitragswesen allmählich einheitlich gestalten, insofern, als der
Beitragssatz dem Lohnsatz in irgendeiner Form entsprechen muß.
Und damit wäre schon eine der schlimmsten Ursachen für die
ewigen „Grenzstreitigkeiten" zwischen den verschiedenen Verbänden
aus dem Wege geschafft, da die Agitation der einzelnen Verbände,
wie sie durch die unteren Organe derselben ausgeführt wird,
sehr wirksam mit dem Hinweis auf die etwa niedrigeren Beiträge
des einen Verbandes im Vergleich zu dem anderen operiert.
Erst wenn man sich über die Grundlagen der Lohnpolitik, die
Anfang und Ende alles Gewerkschaftswesens ist, klar geworden,
läßt sich mit Aussicht auf Erfolg der Lösung der Frage, ob
Berufs- oder Industrie- oder "Betriebsverband, auf den Leib
rücken. Heute ermangelt es der Auseinandersetzung über diese
Frage durchweg an sachlicher Begründung: die einzelnen Parteien
führen ungleichartige Momente ins Feld, also etwas, das sich
nicht auf eine einheitliche Grundlage zurückführen läßt, und so
redet man aneinander vorbei und kommt oft zu Erörterungen,
die infolge ihrer Leidenschaftlichkeit der gesamten Gewerkschafts-
sache mehr schaden als nutzen. Nach meinem Dafürhalten muß
angesichts der hohen sachlichen und sozialen Werte des Berufsverbandes volkswirtschaftlich dessen Erhaltung gewünscht und erstrebt werden.

2. Will aber der einzelne Verband brauchbares Material
für die Beratungen innerhalb der Lohnzentrale des gewerkschaftlichen Gesamtverbandes beibringen, so muß er selber innerhalb
des eigenen Verbandsbereichs Einrichtungen treffen, in denen die
Erfahrungen, die in den einzelnen industriellen Betrieben gemacht werden, gesammelt, gesichtet und nach bestimmten Gesichts-

punkten geordnet werden. Zwischen den einzelnen größeren Betrieben, insbesondere den gemischten, und der Hauptgeschäftsstelle des Verbandes muß somit eine dauernde Fühlung bestehen. Vielleicht geht man zu der Einrichtung dauernder Lohnkommissionen über, in denen Vertreter solcher Betriebe beteiligt sind. Mitglieder der Betriebsräte, die als solche genaueren Einblick in die Eigenart und Entwicklungsmöglichkeiten des Betriebs bekommen, wären die gegebenen Teilnehmer solcher Lohnkommissionen. Jede Verschiebung der Verhältnisse wäre der Hauptgeschäftsstelle anzuzeigen und zum Gegenstand einer Erörterung zu machen, wobei die Erhaltung eines Höchstmaßes von Elastizität in der Lohnpolitik erste Sorge sein müßte. Dann wird sich auf die Dauer herausstellen, daß die Überwachungsstelle zur Beobachtung der Lohnentwicklung in der gesamtverbandlichen Zentrale eine gewisse Gleichartigkeit aller Entwicklungen auf diesem Gebiete feststellen wird, so daß oft scheinbare Komplikationen, auf ihre Grundbestandteile zurückgeführt, einer befriedigenden Lösung durchaus nicht unzugänglich sind.

Vielleicht hat die Zusammenarbeit in den Gesamtverbandszentralen noch weitere günstige Folgen, auf die aber an dieser Stelle nicht im einzelnen eingegangen werden kann. Erinnert sei lediglich an die Tatsache, daß heute gewisse Gewerbe mit Monopolcharakter eine Art von Monopolisten auch auf dem Gebiete des Lohnmarktes haben entstehen lassen.[1]) Sofern man auf die Hebung der Durchschnittslage der Arbeiter seitens der Gewerkschaften Wert legt, darf auf die Dauer an diesen Erscheinungen nicht achtlos vorbeigegangen werden, da sie den einen Teil der Arbeiter gegen den anderen zum Widerspruch aufrufen. Nur bei sorgfältiger Erwägung all dieser Zusammenhänge und entschlossener Anpassung an die daraus entspringenden Notwendigkeiten wird es möglich sein, die heute von interessierter Seite in die Verschiebungen der gewerkschaftlichen Organisations-

---

[1]) Vgl. Heinrich Dietzel „Ausbeutung der Arbeiterklasse durch Arbeitergruppen" in Deutsche Arbeit, Jahrgang 1919, Heft 4.

form hineingelegten radikalen und revolutionären Tendenzen (f. oben) erfolgreich zu paralysieren.

Ausbau der Betriebsräte.

Von dem zuletzt angedeuteten Standpunkte aus muß sodann auch die Frage behandelt werden, ob und nach welcher Richtung die Institution der Betriebsräte aus= zubauen sei. Auch hier wurde der bloß formale Versuch einer Lösung des Problems kritisiert und es wurde mit dieser Schwäche die Möglichkeit in Zusammenhang gebracht, daß revolutionären Tendenzen einerseits, „gelben" Tendenzen andererseits Vorschub geleistet würde. Kann ein Ausbau der Einrichtung des Betriebs= rats diese Gefahren ausschalten? Ganz gewiß; mindestens bis zu einem gewissen Grade.

1. Die heutige Einrichtung der Betriebsräte krankt an dem Fehler, an dem fast alle Erzeugnisse der Gesetzgebung seit der Revolution kranken: sie überträgt der Arbeiterschaft eine Reihe von Rechten, die, weil sie mehr in der Luft hängen, als daß sie den Arbeitern konkrete und ihren wirklichen Bedürfnissen ent= sprechende Betätigungsmöglichkeiten bieten, so recht eigentlich den Nährboden für einen sich aufblähenden Phrasenradikalismus bilden. Nirgendwo mehr wie auf diesem Gebiete läßt sich „mit Worten trefflich streiten". Als der Krieg ausbrach, zeigte sich, daß die deutsche Arbeiterschaft in weit höherem Maße Anteil an den Staatsgeschicken nahm, als man es auf Grund der starken Durch= setzung mit sozialdemokratischen Parteigängern erwartet hatte. Der Grund lag, wie der frühere zweite Vorsitzende des freien Bauarbeiterverbandes, spätere Oberpräsident von Ostpreußen, Winnig, einmal anschaulich gesagt hat, darin, daß die Arbeiter infolge ihrer Beteiligung in den Organen der sozialen Ver= sicherung usw. „den Staat von innen" sehen und kennen gelernt haben. Daß die Arbeiter den Betrieb von innen sehen und kennen lernen, um sich mehr und mehr mit ihm auszusöhnen, ihn als ihren Betrieb anzusehen, ist nun doch der eigentliche

Zweck des Betriebsrates, so wie sein Bild vor dem geistigen Auge der Besten unseres Volkes steht. Das Vorbild der staatlichen Versicherung zeigt uns nun aber auch einen Weg dazu: die Arbeiter müssen in ihren Angelegenheiten konkret mitraten und -taten! Dazu gibt es eine Reihe von Möglichkeiten, von denen manche zwar in dem jetzigen Gesetze über die Betriebsräte genannt sind, aber doch keineswegs in der Weise, an die hier gedacht ist. Einzelnes sei darum wenigstens angedeutet.

a) Der Betriebsrat kann an einer Beschäftigung mit der Lohnregelung im eigenen Betriebe nicht vorbeigehen. Daß er sich begnügen soll mit der Durchführung der Tarifbestimmungen, das reicht nicht aus. Die Gewerkschaften werden ernsthaft zu überlegen haben, ob sie den Betriebsräten nicht die Möglichkeit geben sollen, die besonders günstige Lage des Betriebes für die Arbeiterschaft des Betriebes auszunutzen. Es ist früher darauf hingewiesen worden, daß das den bisherigen Gewerkschaftsauffassungen stracks zuwiderläuft.[1] Immerhin bringt es die ganze Lage der Verhältnisse und vor allem die geistige Veranlagung der heutigen Menschen, auch der Arbeiter, mit sich, daß, wenn die Gewerkschaften selber hier nicht das Ventil öffnen, ihre Mitglieder auf eigene Faust handeln, dann allerdings zum Schaden der Sache.[2] Darüber, in welchem Verhältnisse der Mehrlohn den betreffenden Arbeitern verbleiben und welcher Anteil etwa zum Besten der Allgemeinheit der Berufszugehörigen, sei es in der Form von Sonderabgaben an die Gewerkschaften, sei es durch Besteuerung zu allgemeinen Wohlfahrtsanlagen (Ferienheime für den betreffenden Beruf, Maßnahmen und Veranstaltungen zu er-

---

[1] „In ihrer Eigenschaft als Bürger, nicht als Gewerkvereinler, werden die Handarbeiter ... sich darüber zu entschließen haben, wie sie die ökonomische Rente des Bodens und des Kapitals ... verteilt wissen wollen." Webb, Theorie und Praxis der Gewerkvereine, Bd. II, S. 342.

[2] Es bedarf heute, wie Artur Spiethoff in Schmollers Jahrbuch XLIII S. 437 mit Recht sagt, der individuellen Antriebe nicht nur beim Unternehmertum, sondern auch bei der großen Masse.

höhtem Berufsschutz usw.) verwendet werden soll, müssen be-
besondere Bestimmungen getroffen werden.

Es könnte im Zusammenhang mit dieser Frage auch diejenige
einer etwaigen **finanziellen Beteiligung der Arbeiterschaft an dem Betriebe** in Höhe der, den gewerblichen
Durchschnittslohn übersteigenden Sonderbezüge derselben erörtert
werden. Mit Recht wird aber in der Sonderbeilage zum Reichsarbeitsblatt Nr. 3, März 1920: „Untersuchungen und Vorschläge
zur Beteiligung der Arbeiter an dem Ertrage wirtschaftlicher
Unternehmungen" die Stellung vertreten (S. 32), daß die ganze
Frage der Ertragsbeteiligung der Arbeiterschaft „zu einer Behandlung im engeren Verbande der Arbeitsgemeinschaften der
Arbeitgeber und Arbeitnehmer herangereift" sei, da „der Wille
zur praktischen Lösung der Beteiligungsfrage auf beiden Seiten
der beteiligten sozialen Gruppen vorhanden" wäre. Jedenfalls
ist der Betriebsrat auf diesem Gebiete eine Rolle zu spielen berufen.

Von erheblicher Bedeutung wird sodann die dem Betriebsrat zu vindizierende Möglichkeit sein, sich um die **Kaufkraft
des Lohnes** im Einvernehmen mit dem Arbeitgeber und evtl.
unter Zuhilfenahme der Betriebsmöglichkeiten (Kredit und dgl.)
zu bemühen. Die großen Werke sind, namentlich auch während
des Krieges, in steigendem Maße dazu übergegangen, in direktem
Verkehr mit den Erzeugern von landwirtschaftlichen Rohprodukten
oder gar durch eigene Pachtung von Ländereien u. dgl. dem
Personal ihres Betriebes günstige Bezugsmöglichkeiten zu eröffnen.
Der Betriebsrat könnte dafür sorgen, daß der damit freigelegte
Weg weiter begangen wird. Maßnahmen dieser Art kommen,
da sie die Lage des Lebensmittelmarktes erleichtern, der Gesamt-
heit zugute.

b) Die Regulierung des gewerblichen Arbeitsmarktes, das
Ziel der Gewerkschaft, kann natürlich nicht an dem einzelnen Betriebe vorbeigehen, und so erwachsen dem Betriebsrat auch auf
diesem Gebiete Aufgaben von nicht geringer Tragweite. Die
heutige Art der Lohnbemessung, wonach ziemlich voraussetzungslos
die Lohngruppierung nach der Alterseinteilung erfolgt und auf

die Dauer nach der Seite der Qualität der Leistungen eine
Anarchie zu erwarten ist, verleiht dieser Forderung noch einen
besonderen Nachdruck. Man konnte es verstehen, daß während
des Krieges mit seinen dringenden Notwendigkeiten jede Arbeits-
kraft alsbald dort und in der Weise in Dienst genommen wurde,
wo und wie es der Drang der Geschäfte erforderlich zu machen
schien. So wurden jugendliche und erwachsene Arbeitskräfte
wahllos durcheinander gewürfelt. Die Folge ist gewesen, daß
das jugendliche Element heute sich besonders breit macht. Jeder
Gewerkschaftsbeamte, der eine Lohnbewegung durchzuführen hat,
weiß ein Lied vom ungebändigten Selbstbewußtsein dieser Schicht
zu singen. Ein geordnetes Gewerbe- und Betriebsleben setzt auf
die Dauer ein geordnetes „Aufrücken innerhalb des Gewerbes" [1] voraus. Nur das organische Hineinwachsen in das
Gewerbe verleiht auf die Dauer die ethischen Qualitäten, die zugleich den Betrieb sicherstellen und der Arbeiterschaft Halt und
Disziplin geben. Erste Voraussetzung ist eine gut ausgebaute
Aufzucht der Lehrlinge. Der Betriebsrat sollte sich mit
dem Arbeitgeber vereinigen, um die Möglichkeit einer gediegenen
Lehrlingsausbildung und -Fortbildung im Anschluß an den Betrieb zu schaffen. Manches Werk hat auf diesem Gebiete vor
dem Kriege Vorbildliches wenigstens in Ansätzen geleistet. Mit
einer Tätigkeit in diesem Sinne erleichtert der Betriebsrat wesentlich die Herbeiführung einer solchen Ordnung des Lohnwesens
im Gewerbe, wie sie vor allem den Bedürfnissen der erwachsenen
Arbeiter gerecht wird.

In dasselbe Kapitel gehört die Ausnutzung von Einrichtungen
zur Berufsberatung, dann die Einflußnahme auf den
Arbeitsnachweis und die Stellenvermittlung. Mit
den Bestimmungen über die Einstellung und Entlassung von
Arbeitern im jetzigen Betriebsrätegesetz ist es wirklich nicht getan;
auch nicht mit einem rein mechanisch vorgehenden Arbeitsnachweis,
der heute schon in Städten wie Berlin sich selber ad absurdum

---

[1] Webb a. a. O., S. 35.

zu führen beginnt.[1]) Das Interesse der gesamten Volkswirtschaft sowohl wie das wohlverstandene Interesse der Arbeiterschaft selber fordert Möglichkeiten, den spezifischen Bedürfnissen des einzelnen Werkes gerecht zu werden. Hier hat der Betriebsrat die schablonenmäßigen Auffassungen, zu denen sich die Arbeiterbewegung unter dem Druck radikaler Tendenzen leider verirrt hat, zu überwinden und größere Gesichtspunkte in den Vordergrund zu rücken.

c) Manches kann der Betriebsrat auch tun, um die Er finder unter der Arbeiterschaft zu schützen und in die geeignete Stellung zu bringen. In dieser Hinsicht fehlt es · in Deutschland, im Gegensatz zu den Vereinigten Staaten von Amerika, noch völlig an einer zweckmäßigen Regelung, die zugleich dem Betriebsinteresse und — in erster Linie — dem Arbeiterinteresse gerecht wird.

d) Vom Betriebsrat aus läßt sich, wiederum im Einvernehmen mit der Betriebsleitung, manches in bezug auf eine vernünftige Siedelungspolitik im Umkreis des Werkes und im Zusammenhang mit demselben unternehmen. Auf diese Seite der Sache ist, angesichts unserer dauernden Ernährungsschwierigkeiten und der größeren Freizeit der Arbeiter infolge Einführung verkürzter Arbeitszeiten, besonderes Augenmerk zu legen. Der Einzelne muß hier fast notwendigerweise versagen. Steht das Werk hinter ihm, so eröffnen sich sofort weitere Ausblicke. Es fragt sich auch, ob und in welcher Weise die Lieferung von Kraft- und Lichtstrom unter Mitwirkung des Werkes in die Wege geleitet werden kann.

e) Die Wohlfahrtseinrichtungen müssen auf die Dauer gleichfalls unter Mitwirkung des Betriebrates einen solchen Charakter annehmen, daß das heutige Mißtrauen der Arbeiter ihnen gegenüber verschwindet. Nochmals: die bloße Beteiligung an der Verwaltung tut es nicht. Auf die Richtung der Institution kommt es an. Was läßt sich nicht alles allein auf dem

---

[1]) Vgl. den Artikel von Dr. Käthe Gaebel in der Sozialen Praxis, XXIX, Nr. 27, der sich mit den Schwierigkeiten und Mängeln der Erwerbslosenfürsorge und Arbeitsvermittlung in Berlin beschäftigt.

Gebiete der sozialen Ausgestaltung der Arbeiterferien unternehmen? Ebenso auf anderen Gebieten, mit denen eine „Tendenz" garnicht verbunden zu sein braucht. Drückt man den Unternehmer mehr oder weniger aus diesen Veranstaltungen heraus, dann ist wirklich nicht viel zu erhoffen. Es muß denn doch gefragt werden, ob es nicht im Arbeiterinteresse — ganz abgesehen von dem allgemeinen sozialen Interesse — liegt, daß Möglichkeiten der persönlichen Fühlungnahme zwischen beiden beteiligten Seiten ausgenutzt werden, wo immer sie sich bieten.

2. Vorhin ist die Möglichkeit, ja Wahrscheinlichkeit eindringlich hervorgehoben worden, daß die Einrichtung der Betriebsräte, dem privatwirtschaftlichen Interesse des Unternehmers entsprechend, im Sinne von „gelben" Bestrebungen ausgebeutet werden könnte. Als solche „gelben" Bestrebungen sieht die gewerkschaftliche Literatur alles das an, was scheinbar den Arbeitern frommt, in Wirklichkeit aber nur, unmittelbar oder mittelbar, die Unternehmerstellung stärkt. Es wurde auf unwürdige Praktiken hingewiesen, zu denen bestimmte Unternehmer heute schon griffen, um die Bestimmungen des Gesetzes über die Betriebsräte für sich unschädlich zu machen. Nun ist es gewiß, daß, namentlich bei der heutigen geistigen Veranlagung der Menschen, solche und ähnliche Mittel immer im Schwung bleiben werden. Allein es kann sehr wohl verhütet werden, daß daraus etwas allgemeines wird. Die Art, wie die ganze heutige Gesetzgebung zu Werke geht, drängt den Unternehmer geradezu in eine Position hinein, wo er schließlich zu recht gewagten Mitteln greift, um sich nicht ganz preisgeben zu müssen. Diese Gesetzgebung beruht in weitem Maße auf der Auffassung von der Überflüssigkeit und ausbeutenden Schädlichkeit des Unternehmertums, die in das lebende Geschlecht der Arbeiter planmäßig hineingehämmert worden ist. Nur ein kleiner Teil der deutschen Gewerkschaften, vor allem die christlichen vor dem Kriege, hat solchen Auffassungen gegenüber Objektivität zu bewahren gesucht, wie aus Schriften und Kundgebungen hervorgeht. Diese Gesetzgebung, einschließlich des Gesetzes über die Betriebsräte, ist zwar gleichsam nur ein „Knabbern"

an der Unternehmerstellung, aber schließlich muß dieses Knabbern zum Totknabbern werden. Auf solche Weise wird niemals erzielt werden können, daß der Unternehmer diejenige Stellung einnimmt, die er gerade nach den neueren Auffassungen einnehmen sollte, daß nämlich er seine Funktionen als ein Amt im Dienste der Allgemeinheit ansieht. Arbeitet dagegen der Betriebsrat wenigstens in den eigenen Angelegenheiten der Arbeiterschaft etwa in der vorhin beschriebenen Weise mit dem Unternehmer zusammen, so darf durch diese Praxis selber ein allmähliches Überwinden der allzu sehr vereinfachenden doktrinären Auffassungen erhofft werden, die bisher in dem größten Teil der Arbeiterschaft gang und gäbe waren.

Dann geht aber auch der ganze Charakter des Betriebsrats über die Stellung eines Plagegeistes hinaus, zu der er sich sonst auswachsen könnte. Im Zusammenarbeiten mit der Gewerkschaft, die ihm größere Ziele steckt und die geeigneten Leute zu seiner Besetzung stellt, kann er privat- und volkswirtschaftlich wichtige Funktionen ausüben. Es darf gewiß eine Entwicklung in diesem Sinne nicht schon von heute auf morgen erwartet werden. Aber darauf hinzuarbeiten sollte das ernste Bemühen der Gewerkschaftsbewegung sein. Auch ihre ganze Stellung ist auf die Dauer nur haltbar, die ganze Gewerkschaftsbewegung wird nur dann nicht zum Koloß auf tönernen Füßen, wenn ihre Wirksamkeit positiv eingestellt ist. Mithilfe an der Hebung der volkswirtschaftlichen Produktivität allein kann die Gewerkschaften davor bewahren, trotz aller Mühen und Aufwendungen Sisyphusarbeit zu leisten.

―――――――

G. Päh'sche Buchdruckerei Lippert & Co. G. m. b. H., Naumburg a. d. S.